小微企业
管理课

贾长松◎著

广东旅游出版社
GUANGDONG TRAVEL & TOURISM PRESS
悦读书·悦旅行·悦享人生

中国·广州

图书在版编目（CIP）数据

小微企业管理课 / 贾长松著 . —广州：广东旅游
出版社，2023.11
ISBN 978-7-5570-3115-2

Ⅰ . ①小… Ⅱ . ①贾… Ⅲ . ①中小企业－企业管理
Ⅳ . ① F276.3

中国国家版本馆 CIP 数据核字（2023）第 149236 号

出 版 人：刘志松
责任编辑：张晶晶　　梁诗淇
责任校对：李瑞苑
责任技编：冼志良

小微企业管理课

XIAOWEI QIYE GUANLIKE

广东旅游出版社出版发行
（广州市荔湾区沙面北街 71 号首层、二层　邮编：510130）
印刷：北京晨旭印刷厂
（北京市密云区西田各庄镇西田各庄村）
联系电话：020-87347732　　邮编：510130
787 毫米 ×1092 毫米　16 开　14.75 印张　153 千字
2023 年 11 月第 1 版　2023 年 11 月第 1 次印刷
定价：58.00 元

目 录

第三章　小微企业的营销团队管理

第一章

小微企业的生存之道

深耕工匠精神，注重管理细节

所谓小微企业，"小"，指的是规模小，与我们想象中的大企业相比，它的规模小；"微"，指的是不完全，它和大企业相比，不是所有部门都有。

为什么小微企业还要谈管理？因为小微企业能不能生存下去，关键看其管理水平是否到位。

从企业的基本发展规律来看，大企业在一般情况下能够生存得很好，中等企业由于资源的限制相对生存困难，而小微企业由于自身的灵活性反而是比较容易生存的。我们在外出考察时发现，国外有很多微型企业，这些微型企业虽然功能比较单一，却能找到适宜的生存空间。

我曾经去过一家日本企业，这家企业只有21个员工，属于真正的小微企业。它只有一个大生产车间，居然持续给日本丰田汽车公司供货60年。它具体供的是什么货？估计大家都想象不到。丰田汽车公司生产了一款救护车，这款救护车在防撞功能方面有很高的要求，出现了交通事故要保证安全。救护车的车身底板装有侧梁，以提高车身的强度和刚度，侧梁沿车身纵向延伸，两端连接前、后保险杠。这家小微企业就给丰田汽车公司供应这种侧梁。

我为什么到这家企业参观呢？其实我就想搞清楚，为什么这家小微企业能给丰田汽车公司持续供货60年，合作不间断。这款救护车的售价很便宜，要保证便宜，就得降低成本，但侧梁不能降低生产成本，因为它涉及安全问题，丰田汽车公司对此也要求非常严格。丰田汽车公司把这款产品交给其他企业去代加工的时候，其他企业纷纷亏钱，唯独这一家小微企业不但控制了成本也保证了质量。

当然，即使是这家企业，也曾经因为成本问题濒临倒闭。丰田汽车公司为了挽救这家靠谱的供货商，就派了一位自己的生产工程师去这家企业做总经理助理。我在参观的时候，也见到了这位总经理助理，他向我介绍了这家企业是怎么起死回生的。

他到这家企业后，发现首先要提高员工的效率。以前一个生产工人负责一个环节的工作，完成自己的环节就可以休息了。他认为这样不行，因为这是看不见的成本。侧梁的原材料成本都不高，整体成本居高不下是因为没有效率，很多时候问题都出在人工上。

在这种情况下，他开始进行改革。他把整个生产流程大概分了20个环节，按环节对工人进行培训，每个工人要负责其中的3个环节，开始进行精益化的表单式管理。比如以两个小时为单位，某个工人星期一的上午9点到11点做A工作，然后休息，从下午1点到3点做B工作，3点到5点再接着做C工作。星期二早上先做B工作，下午接着做C工作、A工作。每个人每天做什么工作，都是排好的。

这家企业原本有60多个员工，精简后只剩21个员工，人员减少了2/3，但每个人的效率都提高了很多，这家企业终于不再亏损并开始赚钱了，因而能保证继续为丰田汽车公司供货。

这是我见过的最让我感动的小微企业。我们到这家企业的会议室参观的时候，看到他们的会议室相当简陋，就连会议室旁边的厕所也极其简陋。虽然整个车间也不是想象中的那么干净，但是他们的管理都非常精准，效率非常高。我通过这一个案例是想告诉大家，越是小微企业，越要为自己的生存去关注每一个管理细节，认真对待每一个管理方面的死角。但现实生活中，很多小微企业更关注宏观的趋势、竞争对手和流行的东西，反而忽略了应有的工匠精神。

越是小微企业，越要为自己的生存去关注每一个管理细节，认真对待每一个管理方面的死角。

我参观完这家企业以后，晚上到一家餐厅吃饭。这家餐厅是一家主打天妇罗的日本料理店。天妇罗其实就是把新鲜鱼虾和时令蔬菜裹上面糊油炸而成的一种食品。为我服务的正好是这家餐厅的负责人，他当时已经有80多岁高龄了，是这家餐厅的第三代传人。这家餐厅一晚上只接待十二三个客人，我是最后一号。幸运的是，也正由于我是最后一号，负责人还专门给我画了一幅纪念画。我还是比较喜欢日本的美食的，这家餐厅的食物也比较好吃。这家店是百年老店，只做天妇罗这一种食品，日常会对天妇罗进行优化再优化。有一道菜是炸鳗鱼，他们能把这道炸鳗鱼做到外边是脆的，中间层是香的，最里面的鳗鱼肉是入口即化的。

这家餐厅很小，只有五六个员工，但是一直都生意火爆。去这家店用餐，要提前很长时间才能预约到。这家店之所以长盛不衰，与其精细且严谨的管理密不可分。我所知道的是，他们对自己有三点基本要求：第一，每天采购的所有食物，用不完的，当天打烊后直接处理掉；第二，炸食物的油每天更换，第二天绝不再使用；第三，客人预定之后，他们会了解客人的信息，是喝酒、喝茶还是喝饮料，是喝冰的、热的还是常温的，等等，这样就能做到按照客户的饮食喜好提供个性化服务。

　　关于小微企业如何做管理，我在下面的介绍中，会从不同的维度进行详细阐述。同时我会提供一些有针对性的表单工具，这些工具源于我多年一线经验的总结，小微企业在经营过程中坚持正确地使用表单工具，一定会起到事半功倍的效果。

▪▪▪▪ 从需求到产品，而不是从模仿到产品

1. 有社会使命感的企业才能基业长青

当很多小微企业的打法还停留在拼时尚、拼流量、拼销售策略、拼销售技巧的阶段，那些有前瞻性的小微企业早已进入经营理念的竞争阶段。

那些有前瞻性的小微企业早已进入经营理念的竞争阶段。

有一次，我在美国看医生。

这位医生看上去非常年轻，身材

很棒，又有气质，其实他已经 57 岁了。在我正式就诊之前，他的助理认真地对我做了电话访问，通过电话了解我病情的基本情况。我去了医院以后，不管是医生还是检查室的服务人员，都知道我叫什么名字，基本情况如何，病历号是多少，他们都对我这个病人的具体情况了如指掌。

7 年之后，我又去就医，这位医生 65 岁了。虽然已经到了退休的年纪，但是找他看病的人依旧非常多，他一时半会儿还没法退休。我对这家医院的经营方式特别感兴趣，就问他们是怎么做到这样成功的，他的助理告诉我："虽然我们是一家小微型医院，但是我们的医生是全美顶尖的专家，还是该领域的专家委员会成员。"我问："那你们为什么规模一直这么小？"他说："我们不追求扩张规模，因为我们心态平和。我们的第一个经营理念是做一份事业，不只是为了挣大钱；第二个经营理念是追求成功率，我们医院现在的治愈率在全球名列前茅；第三个经营理念是致力于解决顾客的需求。"

我通过在全世界各个地方的走访，发现有很多小微企业之所以能够基业长青，关键就在于其社会使命感和企业文化的优越性。

作为小微企业，我们今天该怎样才能活下来？生存还是死亡，说得直接一点，关键要看"心"——你是以挣钱为第一导向，还是以社会价值观为第一导向，以满足顾客的需求为第一导向？现在的很多小微企业，严格来讲都不叫企业，他们干的事，是又哄又骗又造假。他们制造产品的逻辑，不是从客户的需求开始的，而是看市场上哪个东西好卖，就模仿抄袭哪个。比如看人家做的花生酱比较好卖，他们也做花生酱；看我们长松股份的组织系统课程包卖得比较好，他们也拼凑组织系统课程去卖。甚至有的人不但卖组织系统课程，还卖管理系统课程、财务系统课程、股权系统课程，但其实他根本不了解这些系统的内涵，只是从网上搜

有很多小微企业之所以能够基业长青，关键就在于其社会使命感和企业文化的优越性。

集资料胡拼乱凑。这样的课程于消费者无益，根本没有存在的价值。

前几年，我们到法国一家设计装修公司参观。这家公司已经存在了半个世纪，他们的老板亲自接待了我们。我们落座一番寒暄之后，我就直接问他："贵公司设计的范围很宽泛啊，你们的竞争力在哪里？"他说："我们虽然是一家很小的设计公司，但业务很多。我们的设计理念是节能，也就是以节能环保和生态发展为导向。别看我们仅仅是一家小微企业，但我们有个非常专业的生物实验室。"我大学所学的专业就是生物学，一听他们有专业的生物实验室，我立马来了兴趣，征询他能不能让我去参观一下。经过他的同意，我有幸见到了他们的生物实验室。

这家企业办公面积不大，财务室很小，甚至老板的办公桌就是一个卡座，但他们的生物实验室确实搞得"高大上"。这个实验室的作用是围绕每个项目做专业性测试，比如装修的时候，要用多少电、吹多少风、温度怎么控制，他们都要通过大量的测试掌握数据，再向客户做保证。可能大家想象不到，法国的空调普及率是非常低的。法国的夏天不长，温度也不太高，因此空调并不普及，哪怕近几年因为气候变化，夏季气温高于往年，但空调的安装费、维修费都很高，所以很多法国家庭还是都没有安装空调。法国人在设计装修时对舒适度的要求非常高。这家公司如此注重其实验室，使得他们的工程质量深受客户满意，在市场上口碑很好，所以，他们能持续经营下去。

我相信大家也明白了，小微企业要想健康发展，最重要的就是要以满足客户需求、社会需求为己任。也只有这样的小微企业，才有存在的价值。小微企业不能仅仅以挣钱为目的。小微企业就像一株小草，小草和大树的区别是：大

小微企业要想健康发展，最重要的就是要以满足客户需求、社会需求为己任。

树能经历风吹雨打，甚至在遭受一场大火之后，它的根部可能还会再生出新芽；而小草很容易被连根拔起，要存活就需要有它自己特殊的本领。

小微企业最大的经营错误，就是把挣钱当成立足的根本，这是非常可怕的。我在世界各国考察过不少有较长经营历史的小微企业，我发现，他们在很早之前就把解决客户的问题当成生存之道。当然，做企业需要挣钱，但如果你天天都在追求增长率、追求规模、追求发展度、追求业绩总值，那么你的企业就会开始变得"糊涂"。所以，被盈利迷住眼的小微企业，需要在战略上进行深入思考，找到有助于企业生存的理念。

> 小微企业最大的经营错误，就是把挣钱当成立足的根本，这是非常可怕的。

2. 要找到企业的关键任务

2006 年，我在北京大学经济学院做了一次活动。那个时侯，我正处于迷茫期。我做过人力资源管理培训，做过招商管理培训，2006 年我的"营销基本功"产品已经很火了，看起来我去做销售培训应该不错；同时，我觉得自己还适合去企业做高管；我在大学所学的专业是生物学，并且我的生物技术水平在当时还算比较高的，如果我去应聘生物学相关的岗位，求得相当不错的职位和年薪也是没有问题的——我可选择的领域比较多。当时我刚好结束了与别人的合作，变成孤家寡人，于是开始创业。尽管我自认为可以选择多个领域，但在具体思考到底要做什么时，我还是非常犹豫的。于是我趁着活动的间隙，请教了一位我非常尊敬的老师，我问他："我想做一家创业型的小微企业，我的产品应该怎么打造？"他不假思索地说了两点："第一，永远做你最擅长并且做你做过的事；第二，只做一件事。"我又问："这么简单？我能做成吗？"他说："我坚信你能做成。"

他虽然只讲了这两点，但这两点是我以前从来没有掌握的要领。我以前一做产品就做一堆，要是让我去经营餐厅，那我恨不得把菜单写出二三十页。但听了这位老师的意见之后，我开始做减法，思索自己到底能做什么。我能做 10 个产品，但最终只做 1 个，该第一，永远做你最擅长并且做你做过的事；第二，只做一件事。

减掉哪些，这个筛选过程非常痛苦。

最后，我选定了一件事，那就是深耕"组织系统"。因为我只需要做一件事，并且是我做过且擅长的事。

我在这里建议各位小微企业的老板在经营企业的时候，也要考虑企业的第一个任务是干什么。其实小微企业最关键的任务就是做能解决客户需求的产品。

产品是怎么做出来的？很多老板做产品的第一件事，就是上购物网站搜一搜，看看什么东西卖得火爆。但是我想请教大家一个问题，你们是调查了卖家还是调查了买家？其实，大部分老板只是调查了卖家。调查完，第二步是找一个榜样，看看卖这种商品的商家都有谁。第三步是抄袭模仿别人的商品，复制别人的销售模式。第四步是上架跟卖。

跟卖的时候，如何脱颖而出呢？比如别人的饮料卖得非常火，他们也想卖饮料，觉得最有效的办法就是降价，卖得比别人更便宜。这就形成了一个恶性循环：先调查什么商品卖得比较火爆，然后找到卖这种商品的企业，看一看他们的经营策略，再看一看自己能不能找到供应商，然后降价跟卖，甚至低于成本价，最终扰乱市场。凡是走这种思路的人，毫无竞争优势，最终什么都没有得到。

请记住，小微企业最关键的任务，就是做能解决客户需求的产品。

我从 2006 年开始做产品，到现在为止，申请的知识产权累计多达数百个。在别人模仿我甚至挑起恶性竞争的时候，我就能用法律的武器维护自己的利益。而很多小微企业致力于跟风模仿，累死累活折腾数年，到最后什么积累都没有。

小微企业最关键的任务，就是做能解决客户需求的产品。

所以我认为，做产品应该有一个正向的过程。

3. 企业研发产品的基本逻辑

第一步，发现需求。

为什么苹果手机能在智能手机领域领跑多年？因为苹果公司的经营理念具有前瞻性，它有一个明显的特征——提前洞悉消费者的很多需求，甚至是消费者自己都不知道的需求。它为什么会知道这些？因为它天天在研究客户现在有什么需求，未来有什么需求。

能引领客户未来需求的企业最为霸气。这样的企业也往往能引领未来商业的发展。

什么样的企业最霸气呢？能引领客户未来需求的企业最为霸气。这样的企业也往往能引领未来商业的发展。所以，研究客户现在和未来的需求，对于我们做产品设计至关重要，值得占据我们大量的时间和精力。

我去电影院看了一部电影，名字叫《信条》，在看这部电影之前，我做了 8 个小时左右的功课。我发现导演诺兰有个特征，他的作品大多不以取悦观众为核心，而是以满足观众的需求为核心。诺兰执导的电影，不管是《盗梦空间》还是《星际穿越》，都为人津津乐道。人们看电影往往有一种潜在的需求，比如我本人，特别想体验生活中永远体验不到的场景和情节。而这两部电影，就提供了这样的体验。要知道，满足需求和取悦是两回事。如果一个产品能满足消费者的需求，甚至是消费者自己没有意识到的需求，那么，这个产品毫无疑问是非常棒的。但看完电影《信条》后，我个人觉得，《信条》可能不会大火。因为它讲的是通过时间逆行拯救世界的故事，属于新瓶装老酒，很难刺激到观众。

我们以这种思维去看一下天猫、京东、抖音等众多平台，就会发现上面的很多产品都是某一两家标杆企业的复制品，往往拼的就是谁的价钱更便宜。我奉劝各位小微企业老板，你如果也是这种思维和这种经营方式，你的企业会死得很快。

因为你根本没有了解到顾客的需求是什么。

第二步，解决功能。

发现需求之后，就要思考如何满足这一需求。解决功能就是针对消费者的需求提供解决方案。企业要围绕解决功能进行研发。很多小微企业理解不了标杆企业为什么要这么做，原因就是他们只看到人家的外形，没有看到人家的内核。人家研发的产品或提供的服务，都是能解决某个具体需求的。很多小微企业只是把产品做出来，但到了要解决问题的时候又不具备具体的解决功能。这就是需要提升的地方。

第三步，交付形式。

这一步要考虑的是，在产品销售过程中要怎样引起消费者的联想，怎样让消费者更便捷地获取商品或服务，甚至怎样推动消费者做转介绍，等等。

很多小微企业只是把产品做出来，但到了要解决问题的时候又不具备具体的解决功能。这就是需要提升的地方。

第四步，形成经营。

这一步就形成了现实的产品经营或企业经营行为。

以上四步，是我们在研发产品的过程中要遵循的简单逻辑。

4. 产品要集中解决消费者的一个需求点

越是小微企业，其实应专注于做出真正解决消费者需求的产品。这种产品越精越好，能集中解决消费者的一个需求点。再大的企业，也有不专业的地方。段永平、史玉柱的企业，每年向广告公司投放巨额的广告费用，他们有时候甚至会想自己是不是干脆也搞一个广告公司。但后来他们发现，再大的企业自己搞广告公司也比不过那些专业做广告公司的。人家公司非常专业，能集中力量做好那一点。

这种产品越精越好，能集中解决消费者的一个需求点。

小微企业要生存下去，必须打破从模仿到产品的怪圈，从模仿模式走向需求模式。

我有一个习惯是，基本上我有什么需求，都会找专业的人去做。自己不会做的事，我通常不会自己去做。小微企业要生存下去，必须打破从模仿到产品的怪圈，从模仿模式走向需求模式。因为事实证明，采用模仿模式，你就是别人前进路上的尸体，永远都进步不了。

深挖大于拓展，求精不求全

转眼间十几年过去了，我们的"组织系统"产品体系越做越大，越做越强，原因是我们不断挖掘客户需求，强调基于客户需求为客户解决问题，在这条路上持续深耕。

打开外卖App点外卖，一般25～30分钟外卖就能送到，结果我们在外卖App里面光是对菜品进行选择就用了30分钟，这是为什么？在这里我们要思考一个问题，那就是如何让客户不加选择地选择你。让客户不加选择地选择你，这是小

让客户不加选择地选择你，这是小微企业要考虑的。

微企业要考虑的。

有时候还会有这种情况，我们好不容易选了一个商品，最后又后悔了。比如外卖送过来，我们吃完后很懊恼，觉得今天做了一个错误的决定，选择的食品不是自己想要的，而有那么多可以点的为何自己会选错。

有的人家里书架上摆了很多书，可是大多没看过，甚至塑封都没拆。视频App里面有上千部电影，你完整地看过几部？我一般是按评分选择电影，高分的早看过了，分不高的就不看了。

这都说明企业做产品特别难，所以不要乱做。消费者吃饭要选择评分级别高的店，买书、看电影也都要选择评分高的。企业做产品，做 10 个产品，每个评级都是 6 分，还不如做 1 个评分能达到 9～10 分的产品。这就是说，小微企业一定要深挖，要把所有的精力都聚焦到一个点上。

企业做产品，做 10 个产品，每个评级都是 6 分，还不如做 1 个评分能达到 9～10 分的产品。

我曾经到广州一家企业去考察，这家企业是做外贸的。他们的展厅有8层楼，里面什么商品都有，琳琅满目，当然这家企业也接待过无数的企业老板。我在参观的过程中提了一个观点，我说他们产品太多了，他们问："贾老师，你说产品太多，意味着什么？太多不就意味着消费者可选择性多，卖得多吗？"我说："不是的。太多的结果就是，研发人员投入到一个单品上的精力不够。一旦对某个产品投入的精力不够，也就很难把这个产品做到10分。"通过观察，我们会发现，大部分消费者在选择商品的时候，往往都喜欢选择那种单品品类比较少、专注度较高的公司的产品。如果我们老想着什么都做，到最后流量不够，资金、人才各方面都会欠缺。

小微企业在研发产品的过程中要做到深挖需求，在一个点上持续去挖，越挖越深入，越挖越细，越挖越精，而不要追求大而全。我这一辈子基本上定在做组织系统上了，如果你让我跳出去做别的，我也没时间和精力。别人想在这个领域打败我就很难，因为我不断地深耕，积累了无可替代的优势。所以，

我给小微企业的建议
是产品要少，一定要
少，然后要在一个点
上深挖，让自己无可
替代。

我给小微企业的建议是产品要少，一定
要少，然后要在一个点上深挖，让自己
无可替代。做 10 个 6 分的产品，不如做
1 个 9～10 分的产品，这样企业才有可能
活下来。

第二章

小微企业老板要抓好三大工作

■■■■■ 务必专人专管财务、人力、审计

　　小微企业虽然规模小、人员少，但也是需要管理的。你千万不要认为小微企业的管理工作量小，实际上，小微企业老板的管理工作不比一家上市公司老板的少，有些时候甚至更多。

　　上市公司的业务工作量非常大，所以老板必须花重金聘请高级职业经理人帮他做管理，公司的营销、生产、研发、财务、人事、审计等，都有专业的管理人员，老板只需要管这几个人就可以。

　　相比之下，小微企业几乎不可能花钱请各类专业的管理人员。有时候一个部门只有一两名员工，甚至存在一名员工兼顾两个部门工作的情况，如果给每个部门都设一个管理岗，既

不科学，也提高了人力成本。所以小微企业的管理工作在绝大多数情况下都由老板一力承担，需要老板做到"面面俱到"。因此，不少老板习惯性地把自己做成了现场管理的专家。

在现实中，不少小微企业的老板看起来整天疲于管理，可企业依旧存在各种管理混乱的现象，这是为什么呢？

总的来看，小微企业的管理可分为三类。

第一类是业务管理。业务管理其实就是管生产和销售。比如一个餐厅的业务，就是做菜和服务，做菜是生产，服务是销售。

第二类是职能管理。职能管理的核心就是人事和财务，即管人管钱。

第三类是监督。监督要么是监事，要么是审计。

业务管理、职能管理、监督，小微企业的管理本质上就是做这三件事。有的老板过分强调业务，几乎把所有精力

业务管理、职能管理、监督，小微企业的管理本质上就是做这三件事。

都集中在业务管理上，而忽视了其他两方面，就会慢慢导致企业出现问题，比如用人不慎，这就是小微企业做不大的关键所在。

有很多小微企业的老板问我，招人的时候要重点建设哪一块？在我看来，他们一开始就错了，比如有些老板天天说要招一个营销总监，招一个生产经理，他们想集中资源把业务这一块做大做强，结果却把财务、人事、监事、审计这些本应该最先职业化的工作交给自己的亲人去做。糟糕的是，亲人未必能胜任。

小微企业对财务人员的要求往往比较低，甚至很多小微企业的财务人员连会计资格证都没有。你觉得这样的财务人员做账能做成什么样？我想，他也许会把账做得一塌糊涂。这就是很多小微企业财务管理的现状。所以小微企业的老板要在财务这个领域中做一个计划，把专业的工作交给专业的人员，即职业经理人。

人力资源管理也是如此，职业的人力资源管理者在招聘员工的时候不会考虑老板用人的情结。所谓用人情结，就是老板对员工的偏爱倾向。比如老板喜欢用皮肤白的人，人力资源管理者就专招皮肤白的员工；老板喜欢 A 型血的人，人力资源管理者就专招 A 型血的员工。这就是不职业的人力资源管理者。而职业的人力资源管理者，招人是以业务为导向的，不会以老板的偏好为导向。员工没有能力，不出业绩，老板再喜欢也不行。

我曾经到一家企业做调研，发现这家企业的老板不喜欢属羊的人。人力资源管理者一看应聘的人是属羊的，其他方面看都不看就直接淘汰了。老板还问我："贾老师，你属啥的？"我说："是不是我属羊，你就不和我合作了？"工作做得好不好，能力强不强，和是不是属羊，有什么关系呢？

小微企业的老板请牢记：从今天开始，要把人力资源管理交给职业经理人。

监督类的管理工作，尤其是审计，就更不用说了，越是与老板没有亲属关系的人，其监督效果往往越好。

总的来说，小微企业老板的管理工作繁重，甚至可能比大型企业的领导更操心，如果企业老板独自一人揽下管理重担，那结果很可能是什么都没管好，还把自己累得够呛。

老板要紧盯管理，但不能凡事都亲力亲为，更不能任人唯亲，尤其是财务、人力、审计这样专业程度高的关键性岗位，一定要聘用职业经理人，让专业的人做专业的事。

■ ■ ■ ■ 小微企业的财务管理

1.企业没有财务人员或者财务人员
不胜任，老板决策就是"四拍"

很多小微企业没有专职的财务人员。取钱都是老板亲自去银行，账务也都是股东自己做的。没有财务人员行不行？我认为肯定不行。企业如果没有财务人员做财务管理，经营者的决策就只能拍脑袋。很多小微企业的经营现状，综合来说，就是"四拍"：战略拍脑袋，管理拍胸脯，执行拍屁股，业务拍大腿。

> 企业如果没有财务人员做财务管理，经营者的决策就只能拍脑袋。

只有具体分析经营数据，才会找到定战略的支撑点。企业出现的所有问题，也几乎都能在财务数据上呈现出来。

为什么小微企业首先要做好财务管理呢？因为不管是小企业还是大企业，企业的经营数据是不会骗人的。只有具体分析经营数据，才会找到定战略的支撑点。企业出现的所有问题，也几乎都能在财务数据上呈现出来。

我给大家举一个简单的例子。

有一家企业，他们给员工的分红是30%，于是员工们都拼命去做业务。要想让业务顺利进行，首先得保证货源充足。他们没经过详细分析，只知道要保证库里不断货，于是把现金流水分走了30%用于进货，让库存变得很大。而管财务的人也不专业，没有向老板提供库存信息，只提供了业绩信息，所以老板只看到企业每天有多少业绩，最后一算利润却亏了很多。老板不知道，所谓的业绩是建立在高投入前提下的。

货物是有价值的，但是没卖掉价值就不能实现。库存没卖掉，在财务学上就算是亏损，除非企业有明确的折旧方案。比如一个产品的进货价格是10元，结果积压到现在，市场价格已经降到1元了，如果财务不进行数据分析，库存里的货物虽然账面价值还是10元，但本质上已经亏了90%。有的企业，财务人员在适当的时候会按照一定的周期对库存进行减值，但大部分小微企业的财务人员是直接给老板一个库存数量，这就很难看出问题。

很多小微企业老板都没有看财务数据的习惯，所以我在这里特别强调，小微企业的财务管理，第一件事情就是要养成使用数据的习惯。这是财务工作中的首要工作。再小的企业，也需要通过

小微企业的财务管理，第一件事情就是要养成使用数据的习惯。

不断汇总、分析财务数据、财务指标，来给企业老板的决策提供信息依据。

2. 财务工作的前端业务、中端业务与后端业务

财务管理做得好不好，除了财务人员以外，和老板也是有很大关系的。

我见过的财务人员可以分为两种类型。第一种财务人员水平非常高，比如一些上市公司的财务总监，他们全权把控公司具体的财务细节，老板根本不用逐一过问。只可惜小微企业一般请不起这种人。因为这种财务人员至少是研究生以上学历，有财务相关的各种从业证件，再加上在大企业的工作经历，工资相当高。第二种财务人员就是普通类型的财务。一般来讲，小微企业也一定要聘请财务人员，哪怕其学历不高但专业能力可以，就是不错的选择。当然，老板也要对财务工作有所了解，好的老板会对财务工作发挥巨大作用。

企业的财务工作可分为三档：前端业务、中端业务和后端业务。这三档是循序渐进的，做好了前一档，企业就要主动思考如何去做下一档。

（1）前端业务

财务工作的前端业务分为三部分，第一个是账，第二个是钱，第三个是税。对于这三部分的管理要求，必须清晰精准，不能打折扣。一般来讲，小微企业只要能够把账、钱、税做到 9 ~ 10 分，就是比较厉害的，说明老板已经达到了一定的管理高度。

> 财务工作的前端业务分为三部分，第一个是账，第二个是钱，第三个是税。

第一，账。

什么是小微企业的账？有些老板说："我们是个体户，我们从来不做账，这些事让代理记账公司简单做一下就可以了。"但请各位老板注意，个体户就真的不用做账吗？账目只是简单做一下就可以吗？

我有一个朋友，个人资产有几千万元，他这里投资一部分，那里投资一部分。结果最近他跟我联系，说亏了 2000 多万元。

为什么他连续亏损，还投资呢？其实他就是没有个人账目管理的复盘习惯。

很多人投资什么亏损什么，却持续投资，就是因为他们从来不从上一次亏损中总结教训。

做账对经营很重要，而账的核心问题不仅仅是做一个记录。这也是很多小微企业老板的误区。这里我们强调，财务做账，仅仅做记录是没有意义的。

那么，做账的目的是什么呢？是通过具体数据进行复盘。比如早上我写了一段日记，思考我有没有必要请两个厨师给我做饭，对于这个问题，我专门做了一次复盘。我原本天天点外卖吃，有一天突然觉得这样很没意思，我平时工作很忙，干活儿拼命，天天吃外卖实在

财务做账，仅仅做记录是没有意义的。做账的目的是什么呢？是通过具体数据进行复盘。

对自己的健康不负责任。所以我打算聘请两个厨师，一个厨师负责做早餐和午餐，另一个厨师负责做晚餐。

对于我来说，我觉得这样投资是值得的，我每天的饮食好了，干活儿的精神也会提升。我总体创造的价值提升了，这投资就没亏。这个复盘对我本人来讲，就是非常重要的事。

请厨师是小事，做经营决策是大事。对账目数据进行复盘，找到决策依据，对每一家企业而言都是非常重要的。

第二，钱。

小微企业为什么小？很多时候，主要原因就是没有钱。然而，不少老板不仅自己没有钱，更养成了一个借钱的坏习惯，他们把向银行、向朋友借的钱都算作自己的钱。

有一个朋友从我这儿借了好多钱，他和我在一起的时候，

对账目数据进行复盘，找到决策依据，对每一家企业而言都是非常重要的。

天天算他自己有多少钱，挣了多少钱。当时我心里就犯嘀咕，我心想：既然你这么能挣钱，那把借我的钱还我呀。当然我没有说出来。后来我发现，他把所有借来的钱都算成他自己的钱，都算成他可利用的资金。这样下去，他的企业是要出问题的。

第三，税。

小微企业其实不用缴太多税。因为国家针对小微企业有很多优惠政策。有的免缴税，有的是优惠税。尽管有很多优惠政策，但是你丝毫不研究，直接不缴税，如此简单粗暴，就犯法了。做企业，需要懂政策。

小微企业的财务前端业务管理，就要关注以上三件事。接下来，就要思考财务工作如何升级，还能不能做高级一点的事情。

（2）中端业务

财务工作的中端业务有两部分，第一个是预算，第二个是决算。

第一，预算。

凡事预则立，不预则废。做一件事不要盲目出招，想明白了，准备好了，再去做，成功概率就高一些。

就像买股票，我现在琢磨出一个规律，如果对一只股票的了解时间低于一个月，这只股票我是不买的，更何况我研究它一个月也不一定能完全了解它。真正靠股票挣到钱的人，首先就是原始股东，他们自己企业的经营情况，他们是最清楚的；其次是大基金公司；再次是公募基金。至于散户，接收到的信息往往是不对称的，甚至很多散户只知道股票的名字，连这家公司是做什么业务的都搞不清楚，如果买它，可能赚到钱吗？所以，买股票之前应该尽可能多地了解相关信息，对情况有一个预估。

经营企业、做决策时，也要遵循这个道理，把情况搞清楚再做决定，三思而后行。小微企业的资源就这么多，如果什么事都想做，最后肯定会"死"的。

做一件事不要盲目出招，想明白了，准备好了，再去做，成功概率就高一些。

在预算方面，最重要的是搞清楚两件事，一是对项目的规划预算，二是对资金的使用预算，"好钢一定要用到刀刃上"。

所以，小微企业的老板，要与财务进行深度沟通，依靠数据做决定。在预算方面，最重要的是搞清楚两件事，一是对项目的规划预算，二是对资金的使用预算，"好钢一定要用到刀刃上"。这两件事，说得更通俗一点，就是经营预算和资金预算，经营预算是指有限的精力怎么干，资金预算是指有限的钱怎么花。

2002 年，我在北京，当时我只有 3 万元。我跟我老婆商量，这 3 万元我们到底可以干点啥。于是我们列了一张表，上面列出了给老婆买戒指、定制西服、买车、买房等。我们罗列了大概 20 件事情，然后一直做减法，最后选择买房。

那时候买房，3 万元不够付首期，还差 10 万元，怎么办？于是我们到处借钱，我记得当时借了 15 个人的钱才凑够首期。

这整个过程，就是在评估一件事情的价值，并做策划，即预算、决策与执行。后来的事实证明，当时这个预算策划是对的。到现在为止，这套房子的价值涨了不止 10 倍。想一下，如果当初我们就买一枚戒指，戒指的投资回报率几乎为 0。同理，如果老板不懂预算，又对财务没有要求，企业能做得好吗？

我在抖音上看过一家餐厅的老板说自己就要破产了，欠外债多少钱，说自己干什么投资亏了多少，直播带货亏了多少。看到他发出这些感慨，我顺便翻看了他以往的抖音内容，想知道他为什么会这样。我发现他开这家餐厅，经历了四个阶段。在第一阶段，他发各种豪言壮语，说自己准备竞争过行业前几名。到第二阶段，就发发装修视频，表达一下自己对未来的各种幻想。到第三阶段，开始正式经营了，就打鸡血，客户没几个，却把自己的经营情况吹上了天。到第四阶段，就是等待再等待，冷清再冷清，最终发表破产感言。然而，他自始至终没有对自己的资金使用和经营情况做预估，也没有复盘总结。

说实话，我很少见小微企业的老板说自己怎么规划，分析自己的对和错，评述自己的管理节奏。大部分小微企业的老板，感性思考和联想思考的能力特别强，就是缺乏理性的管理逻辑，而在企业实际经营过程中又极度需要这种管理逻辑。这样的偏差，导致大多数人在经营过程中基本上都是前半程报喜不报忧，后半程则抱怨加报忧，最后直接宣告死亡。

从上述餐厅老板的例子中不难看出，有一部分小微企业的老板对自己的企业经营状况根本不够了解，做不出预判，因此在经营过程中只能见一步走一步，非常被动。要想走出这种困局，老板就得多和财务人员泡在一起。泡在一起不是闲聊，不是瞎混，而是认真分析研究财务数据。

不少人都有这样一个特点：可支配的活钱不超过1000元，即使存款只有一两万元，还认为30万元不算什么。这是因为他们觉得自己的时间足够用，未来可期。对这样的想法我不做评论，但我认为小微企业不能这样，如果没有预算，企业的未来是完全不可期的。

第二，决算。

什么叫决算？简单来说，决算就是总结企业赚了多少钱。对于小微企业而言，赚钱不是第一目标，第一目标是满足客户需求，但是也不能亏钱。企业赚不到钱，意味着在消耗青春。消耗青春的事，我们一天都不能干。

前面讲到，做事要深挖，企业的发展一定要向上走，绝不能向下走。企业如果始终停留在原地，不去深挖，就是在消耗青春。比如我坚持做"组织系统"，是不是只卖课程包，只讲课呢？不是。课讲到一定程度，我又开了辅导中心，一边讲课，一边做辅导。再往后，我开始做咨询。我始终在这一个领域，但做的事不断深入，这也使我的业绩越来越好。

企业向上走，有一个直观的指标，

如果没有预算，企业的未来是完全不可期的。

就是有利润，利润有上升的趋势。决算，就能帮助我们看清这一指标。

有一家企业导入我们的辅导三年了，一直没有分红。于是，我给企业老板提了以下几个要求：

一是下个月做出核算账。

可是老板说他们的财务总监算不出来。我说算不出来一个 10 分的核算账，6 分的能算出来吧。满意的算不出来？勉强的能算出来吧？

二是分红。

分红有两种形式：一种是分得爽的，还有一种是分得不太爽的。就算是分得不太爽的，那也叫分红。总之要先把钱分了。

我为什么会提这样的要求？

长松股份总部的员工对比分 / 子公司的员工的精神面貌，我明显感觉到是有区别的。因为总部的员工里有一部分人的岗位收入是有天花板的。收入一有天花板，人的精神面貌就下来了。而分 / 子公司以及辅导中心的岗位收入几乎没有天花板，那里的员工就是一群狼。当然，如果你的收入是有天花板的，你就想办法去做一些没天花板的事情。哪怕有个提成，有个分红，有个奖金，你的收入增加就有了更多的可能性。这个时候，你的精神面貌才有可能发生变化。

小微企业搞收入天花板，是很可怕的。所以企业需要决算，先把账算出来，才能给大家分钱，才能有激励。

有的老板总是不喜欢分钱，怕给员工分多了造成惯性拿好处便失去工作激情，从而对分钱机制左思右想，迟迟不拍板，导致分钱最后成了画大饼，寒了人心。其实，就算一开始没算对，分错了，这个错误真的会造成很大损失吗？答案是不一定。

比如本来应该给这个人分 20000 元，结果你算错了，给他分了 25000 元，虽然多分了 5000 元，但他干活儿的精气神被激励起来了，明年创造的利润可能直接翻番，远超这 5000 元。你千万不要说因为多分了他 5000 元就要在别的地方扣回来，这样做你虽然拿回了 5000 元，

企业需要决算，先把账算出来，才能给大家分钱，才能有激励。

但你给他的 20000 元也多半失去激励作用了。

除此之外，你分钱分了两三年，算账也算了两三年，原来算出来是 60 分的账，经过两三年的努力，逐渐成了 90 分、100 分。我们只有在算的过程中才知道该如何算，才知道该如何去优化分红这件事。

所以我给很多小微企业老板的建议是，你们应该抓紧时间把账算出来。

我和案例中那家企业的老板沟通之后，他说："贾老师，你今天给我讲的这个算账，我表示同意，我们会把账算出来并分钱。"有的老板自己欺骗自己，希望自己的肉烂在锅里，他认为，反正这些钱都是自己的。其实他这样做，到最后锅里是没肉的。为什么没肉？因为肉都烂在锅里，臭了。就是 10 元钱的货变成 1 元钱了，你看着还是 10 元钱的肉，但是肉臭了。

我给很多小微企业老板的建议是，你们应该抓紧时间把账算出来。

（3）后端业务

财务工作的后端业务与决策支持联系得更为紧密，重点处理报表管理、资金管理、物资管理、财务分析、经营分析等业务。

小微企业和大企业的区别是：大企业更注重规划，所以不容易走偏，但很多小微企业连个落实成文字形式的执行文件都没有，容易走着走着就走偏了。最近流行一句话：不断地改变，不断地创新，才能找到合适的道路。这句话本身没错，但是你也不能老走错误的道路，这就可怕了。尤其对小微企业而言，试错成本很高。财务的后端业务，最终是为规划决策服务的。

以上我们讲清楚了财务工作的前端业务、中端业务和后端业务，三者是循序渐进的。

作为小微企业的老板，我们要将财务的业务架构升级，这有助于我们产生管理抓手，推动企业创造更多的价值。

小微企业的人力资源管理

一听人力资源，有的老板就觉得很大、很虚、很空。其实人力资源是非常专业和重要的管理工具。企业无论是拥有1名员工还是1万名员工，都要用到人力资源管理。人力资源管理包含两个部分：一部分是用人的方法，在你手上，包括各种工具；另一部分是人力资源管理思维，在你脑袋里。也就是说，人力资源管理是一整套体系，既要保证手里有，也要保证脑袋里有。

人力资源管理的两个部分中，思维

人力资源管理是一整套体系，既要保证手里有，也要保证脑袋里有。

更重要。为什么这么说？比如你有了工具，大致上就能按图索骥，招到比较合适的员工，但是工具是死的，情况是变化的，如果你缺乏灵活的管理思维，就很难应付超出常规的情况，难以抓住重点，难以招聘到合适的中层、高层员工。

举个例子。我们招一个保安，按照工具表单上的固定的标准，比如年龄、工作年限、身高体格等，很容易招到人，就算招到的人不太合适，我们的损失也不大，因为我们有五个保安，这个不行，其他的还能顶上，让我们有足够的时间再招一个。但如果我们要招一个核心高管甚至是合伙人，光靠工具表单上的标准去判断是远远不够的，还需要我们考虑很多其他因素，而且，如果招错了，损失就会比较大。

虽然人力资源要专人专管，但小微企业的老板也应具备人力资源管理思维。

工具是死的，情况是变化的，如果你缺乏灵活的管理思维，就很难应付超出常规的情况，难以抓住重点，难以招聘到合适的中层、高层员工。

1. 小微企业用人的三个重要原则

我们不能随便什么人都用，关于用人，以下有三个重要的原则。

第一个重要原则，要用爱你的人。

结婚找对象，在同等条件下，最好选爱你甚于你爱的那个人。结婚对绝大多数人而言，几乎是一辈子的事。那么找对象的时候需要用到人力资源的技术吗？从本质上来看是需要的。因为婚姻具有社会属性，包含对社会资源的优化，这对个人幸福不幸福有很大关系。过来人都明白，如果懂一点人力资源管理技术，人生有可能大不一样。

交朋友，同样要交爱你的、肯为你付出的。如果你结交的人不爱你，那么以后很可能会出现很多问题。爱你的人会对你很好，今天对你很好，明天也对你很好，后天还会对你很好。你遇到困难的时候渴望他来帮你，他立马就会伸出援手。真正会帮你的人，基本上都是曾经帮助过你的那些人。他以前帮你，之后在你有难的时候他多半还是会帮你，因为他爱你。但你爱的那个人，如果他不爱你，你对他付出更多，在你有困难的时候，他很可能不会帮助你。

所以企业要用爱企业的人。

第二个重要原则，要找有熊熊烈火的人。

什么叫有熊熊烈火的人呢？就是朝气蓬勃的人。小微企业在与人合作，特别是找股东时，一定要看清对方的目的，如果他是来养老的，缺乏活力，跟他合作就会很痛苦。

所以，企业要找有狼性的人、有激情的人，这样的人才能够和企业一起成长。

第三个重要原则，要用有敬畏之心的人。

为什么要用有敬畏之心的人呢？天

第二个重要原则，要找有熊熊烈火的人。

第三个重要原则，要用有敬畏之心的人。

不怕地不怕的人，我们不能用，也用不起。做企业要如履薄冰，战战兢兢，不能不择手段，肆意妄为。我相信很多小微企业的老板是清楚这一点的。一个人如果只是以钱为导向，什么事都敢干，脾气也急躁，就很难帮助企业发展壮大。

2. 小微企业人力资源管理工作存在的主要问题

小微企业人力资源的主要工作是招聘和考核，问题也集中于这两个方面。

（1）招聘的问题

人力资源管理的首要任务是招聘，企业没有人，就谈不上做好工作。

小微企业的老板最好是掌握招聘技术，遇到良才的时候一定要毫不犹豫地抓住他。你不能随便把废材往企业里招，这就需要一定的鉴别力。我们要强调的

人力资源管理的首要任务是招聘，企业没有人，就谈不上做好工作。

是，老板要懂一点招聘技术，帮助自己看人、识人，但不能盲目自信，尤其是不能独揽招聘大权，甚至任人唯亲。请记住，企业一定要有专业的人力资源管理者负责招聘。

请记住，企业一定要有专业的人力资源管理者负责招聘。

网上有一个理念是说，企业里前40名员工老板要亲自面试。其实我想告诉大家，在很多小微企业中，让老板去亲自面试前40名员工，还不如让一个专业的人力资源管理者去面试，因为老板往往不专业，还有用人的情结。结果很可能是老板招进一堆自己看着顺眼的人，但是爱企业的人、有熊熊烈火的人和有敬畏心的人，少之又少。

有的老板面试员工，大部分时候凭的是感觉，认为"我感觉那人不错"，就把他招进来了。一个专业的人力资源管理者曾经说过，老板错误用人的概率在6成以上。有很多小微企业的招聘现状是，不让老板面试还能招到合适的人才，一旦让老板面试就出问题了。

有一次，我遇到一位老板面试财务总监，稍微问了几个问题就让他入职了，结果一个月以后，又要开除他。我问老板为什么开除这个财务总监，老板就罗列出这个财务总监的几大缺点：

第一，脾气比较暴躁，一言不合就骂其他业务部门的负责人，搞得团队氛围比较差。

第二，工作中对别人提出的要求让别人无所适从。让人家提供数据，对方提供不出来，他就逼对方必须提供，否则不予配合。

第三，对老板大不敬，没把老板放在眼里。

财务总监是否胜任是以上三个指标决定的吗？我想大多数人都认为不是的。

我向老板了解这个财务总监的具体工作情况之后，说："我反而认为他有以下三个优点，你看对不对？第一，他的数据意识特别强；第二，他懂经营，经营分析做得特别棒；第三，他不但财务做得好，在企业经营战略规划方面的能力也很强。"老板听完说："贾老师，你说的这些优点，确实他也有。"我说："他有这三大优点，那他这个人的职场价值我认为至少值 1000 万元。而你说的三个缺点造成的损失，可能就 10 万元。你说这个人要不要留下？"

为什么这位老板一开始要开除财务总监呢？因为老板在面试时没有深入了解对方，在用人时又产生情绪，忽略了因果分析，对三个缺点造成的影响和三个优点创造出来的价值的对比评估不出来，总的来说就是不够专业。

因果分析，是人力资源管理乃至企业经营过程中一个非常重要的逻辑思维。做决策之前，要找出准确的因果关系，而不能凭感觉，凭一时冲动。

为什么企业的前 40 名员工让老板自己去招大部分都会出问题？很大一部分

做决策之前，要找出准确的因果关系，而不能凭感觉，凭一时冲动。

原因是老板不专业，只凭自己的感觉来做用人的决策。未来的社会，专业性越来越重要，一定是专业的人做专业的事。我建议，小微企业要及早找到专业的人力资源管理者为企业服务。如果资金不足以支撑一个专门的人力资源管理岗位，那么可以聘请一个兼职的顾问，偶尔来做指导。老板可以参与面试环节，但现场一定要有专业的人做指导。

> 未来的社会，专业性越来越重要，一定是专业的人做专业的事。

（2）考核的问题

小微企业在考核时往往侧重三个方面：态度、勤奋程度、吃苦程度。其实以这三个方面作为考核重点，容易出现很多问题。

第一个方面：态度。

从人力资源管理的专业角度来看，员工的态度与其业绩不一定构成因果关系。难道态度好就一定有好的业绩吗？答案是"不一定"。但是，员工的工作态度不端正肯定很难有好的业绩。人力资源管理的本质，就是要分析因和果的关系。

比如有的女性会抱怨："我过得这么苦，就是因为嫁给了那个男人。"这种想法很可能是有问题的，因为她把过得不好的因归到别人身上去了。那么她自己呢？她为美好生活努力打拼了吗？如果她自己没有努力过，就不能用这个错误的原因来评论结果。

我们往往以为，态度好的人就会有好的业绩。但事实上，对业绩产生影响的因素有很多，比如工作方法、办事能力等。工作态度好固然重要，但它只是业绩好的重要前提之一。

再者，态度很抽象，很难评判。怎么判断一个员工的态度好不好？你说上司布置的工作他一口答应，这算态度好。那么请问，他答应之后，认真去完成了吗？又或者，他看起来在努力完成任务，但没有方法，他也不去学习方法，整天扑在工作上却没有任何成果，这有用吗？

人力资源管理的本质，就是要分析因和果的关系。

第二个方面：勤奋程度。

勤奋就一定有好业绩吗？答案也是"不一定"。首先得看所谓的勤奋是什么。如果一个员工早晨8点不到就来上班，晚上9点了还不下班，看起来好像天天都忙于工作，但实际上呢？他坐在工位上玩手机、上网、聊天，就是不干正事。这算勤奋吗？相反，另一个员工每天准点上下班，但是工作时间内非常高效，你能说他不加班不勤奋，所以不是好员工吗？

第三个方面：吃苦程度。

吃苦和前两条一样，也不能作为获得好业绩的必然条件。

可见，虽然态度好、很勤奋、能吃苦都是业绩好的重要前提，但是也不一定能出业绩，所以用上述三条做考核，肯定有问题。那么，小微企业该怎样考核呢？我认为可以从三个方面下手：第一，考核知识量；第二，考核能力；第

小微企业该怎样考核呢？第一，考核知识量；第二，考核能力；第三，考核结果。

三，考核结果。这三条，才是我们要真正考核的内容。

知识量是什么？比如文化程度、接受职业继续教育培训的情况等。

能力体现在哪些方面？比如是否胜任岗位要求，专业水平如何，主动学习的能力如何，解决问题的能力如何，等等。就像一个财务人员，会不会做预算，会不会做报表，这些是最基本的能力。

结果就更直观了，直接凭业绩说话。

3. 小微企业如何做好人力资源设计

人力资源设计是一套专业的知识，我们把它视作人力资源管理的终极工作。很多时候，小微企业的人力资源设计都是空谈，一方面是企业请不起顾问，做不起咨询案，另一方面是企业自己没有懂人力资源设计的专业人士。但这项工作对小微企业而言非常重要。一旦把这项工作搞清楚了，效率就会大幅度提升，

人力资源设计是一套专业的知识，我们把它视作人力资源管理的终极工作。

特别是企业发展到一定阶段，对薪酬设计等高级人力资源管理工作有所要求的时候。

人力资源设计主要包括三个方面：第一，要设计怎样分钱；第二，要设计怎样分责；第三，要设计怎样分权。这三个方面都要专业的人士去操作。如果光靠老板自己去做，让老板分钱、分权，那他多半迟迟不分，因为他会觉得现在的条件不具备。

人力资源设计主要包括三个方面：第一，要设计怎样分钱；第二，要设计怎样分责；第三，要设计怎样分权。

我问一家餐厅的老板："你们分过红吗？"

他说："我们不具备分红的条件。"

我继续问："为什么不具备？"

他答："因为我们规模太小。"

"你们有分责吗？"

"没有。"

"为什么不分呢？"我穷追

不舍。

"员工的整体能力太差。"

"你们有分权吗？"我依然抓住关键发问。

"没有。员工的责任意识都不强。"

你看，老板该分不分，还把原因都推到员工身上去了。

其实是先分权，再分责，才会促使员工职业化，而不是等员工职业化以后再分权、分责。越是小微企业，越要先做分的动作，才能得到结果。而不是等到人家有了这个结果，你再做分的动作。等人家有结果了，他还会给你干，等着你做动作吗？要记住，你的企业是小微企业。

其实是先分权，再分责，才会促使员工职业化，而不是等员工职业化以后再分权、分责。

▪▪▪▪▪ 小微企业的审计管理

1. 企业不管大小都要做审计

有一句话是这么说的——无人监督下的自律才是人生的最高境界。建议我们每个人每年到适当的时候都复盘一下自己，比如今年看了几本书，如果复盘后发现一本都没看，那么明年就提醒自己要看书。这是自动自发的，不需要别人监督。

但是，对于企业、对于管理而言，没有监督是不行的。

有一个奶牛场，奶牛都是散养的。有的小牛特别爱打架，老欺负别的小牛。为了解决这个问题，管理者在奶牛场四周安装了摄像头。一旦发现哪头小牛欺负别的小牛太严重了，负责监控的饲养员就会把这头小牛单独关起来。久而久之，小牛虽然不具备人的思维，但也能明白自己一打架就会被关起来，于是老实了很多。

可见，监督有助于产生约束力。

企业不管大小，都要做审计。一听"审计"这两个字，很多人内心就产生了排斥，觉得自己是不是做错了，或者认为自己不被信任。其实审计就是一项工作，不存在信任与不信任。

小微企业也要做审计。这里的审计

企业不管大小，都要做审计。小微企业也要做审计。

有两个方面，一个是经营方面的审计，一个是财务方面的审计。我认为，很多时候经营方面的审计更为重要，就是看我们的路走得正不正确。

总而言之，审计，其实就是企业管理的一项基本工作，你别想多了。

2. 企业审计工作的内容

前面讲了，小微企业审计有两个方面，据此，我们提炼出企业审计工作的三个方向：一是经营，二是制度，三是行为。经营审计是监督执行有没有走偏，制度审计是监督制度是否合规，这两者都属于经营方面的审计；行为审计是监督有没有贪污腐败，这是财务方面的审计。

首先，企业的经营不能凭感觉，而是要靠数据分析。企业的经营活动，它的前端、中端、后端的产品销售，还有人力资源的配置，都需要根据财务数据

很多时候经营方面的审计更为重要，就是看我们的路走得正不正确。

经营审计是监督执行有没有走偏，制度审计是监督制度是否合规，这两者都属于经营方面的审计；行为审计是监督有没有贪污腐败，这是财务方面的审计。

做分析。前面讲过，数据分析得多了，经营者做决策时就能避免"四拍"，就知道应该采用什么样的动作才可以让效率最高。

这些动作构成了企业发展的主航道，虽然老板可能对此很清晰，但员工不一定清晰。员工在执行的过程中可能会不自觉地按照自己的想法去做，所以需要监察，才能保证动作不走偏。

财务分析和审计联手，有助于企业经营达到最佳状态。依靠财务分析做决策，依靠审计监督落实行动。

其次，制度执行既要严格，也要能变通。严格和变通并不矛盾。不强硬进行审计，企业就很容易出现熵增现象。熵增现象是一个自发的由有序向无序发展的过程，它给我们的启示是，封闭系统趋于达到最混乱无序的状态。很多企业倒下，并非被对手击垮，而是其自身组织和人员的封闭、自大、惰怠等，导致其在时代的风口失去了转向的能力。

依靠财务分析做决策，依靠审计监督落实。

最坚固的堡垒都是从内部攻破的，而内部的"罪魁祸首"，就是盲目自大、安于现状。

我从熵增现象里悟出一个观点：只有一种管理方法的时候，它往往会朝坏的方向发展，如果管理者只追求严格却不知变通，管理往往越管越差。如何破除这个困局？唯一的办法就是，管理到一定的程度了，就要审，在此过程中发现问题，再谋求改革和变通，改完以后会短暂地达到一个非常好的状态，接下来慢慢又有出现问题的趋势，于是需要再审，再改，确保它永远合乎规则。

不要相信一种管理能始终领先，除非管理者有强大的改革能力，也不要相信一种制度能永远有效，除非管理者有求变的魄力。小微企业刚开始的时候，往往比较好管，每个人都有激情，每个人的状态都是最好的，但做着做着，熵增现象就会露出苗头，不好的事情开始发生。这时，老板光有管理的能力还不够，还得

不要相信一种管理能始终领先，除非管理者有强大的改革能力，也不要相信一种制度能永远有效，除非管理者有求变的魄力。

有改革的能力。

这也是我每隔一段时间就对公司大幅度冷面无情地改革的原因。即使某些高管不服我的改革要走，甚至高管走掉一半，我也要改革。因为无论如何修补，问题都不会被根除，情况只会越来越差，必须推翻重来。

所以，审计中的"审"字非常重要。"审"的目的不是单纯地遵循管理，而是优化管理。

最后，个人行为也需要监督，才能保证不犯错误。本节前面也提到过了，这里不再多说。

"审"的目的不是单纯地遵循管理，而是优化管理。

第三章

小微企业的营销团队管理

■ ■ ■ ■ 营销团队的组建

1. 营销团队是小微企业成长的基础

很多小微企业的老板在创业之初考虑的第一个问题不是建营销团队，而是如何卖东西。比如想着如何在淘宝或抖音上开个店，把产品卖出去。事实上，个人的业绩做得再棒，你也很难让自己有高的收入。所以，不管你创业到了什么程度，你都必须明白一个人生道理：真正成功的人，都不是自己把所有活儿干完了的，而是让他人配合一起完成工作。

真正成功的人，都不是自己把所有活儿干完了的，而是让他人配合一起完成工作。

我算过一笔账，一个普通人拼命工作，在北京一个月能挣 10 万元，但他一定非常辛苦，还要具备三个条件：学历高、情商高、职位高。但是，如果我让 1000 名员工去工作，给我创造价值，每名员工每月能创造 1000 元的价值，我一个月就有 100 万元的收益，一年就有 1200 万元的收益。

在员工基本工资方面，我的原则就是让他们有一个相对能够保障生活的收入，对于大部分员工，尤其是分 / 子公司的员工而言，他们的绩效工资是上不封顶的。为什么上不封顶？因为激励大。我们有个员工当月做了两个辅导案，每个辅导案有 100 多万元的收益，合计给公司创造了两三百万元的收益，他的职位级别不低，所以他一个月就挣了二三十万元。其实他挣多少钱，并不是我考虑的。我的目标很简单：员工每月能创造 1000 元的价值就够了。如果员工做不到，除了他能力方面可能有问题外，

> 在员工基本工资方面，我的原则就是让他们有一个相对能够保障生活的收入，对于大部分员工，尤其是分 / 子公司的员工而言，他们的绩效工资是上不封顶的。为什么上不封顶？因为激励大。

那至少说明我们公司的管理体系、销售设计及销售流程有问题。

所以作为老板，你首先要改变观念，要学会建营销团队，需要从管理的立场做设计。不管你是做移动互联网营销还是门店营销，是做货物营销还是服务营销，你都要有自己的营销团队。老板自己不要做很多销售的工作，要把时间、精力节省下来用于更重要的战略思考上。

老板自己不要做很多销售的工作，要把时间、精力节省下来用于更重要的战略思考上。

2. 营销团队的组建——简历标杆

营销团队怎么建呢？建立营销团队首先需要有人，第一件事就是招人。招人并非易事，很容易在诸多方面出现问题。如果我们随便从大街上拉100个人，其中有多少人是适合做营销的呢？当你不知道谁适合做营销的时候，你要想建立好营销团队就会非常困难。我们都知道，营销工作压力大、失败率高，受挫

建立营销团队首先需要有人，第一件事就是招人。

折的机会非常多。哪怕学了营销的理论知识，看了不少介绍营销技巧的书，也不一定过得了成交关。

不少企业在招聘营销团队时经常遇到的问题就是，招了 10 个人，过一段时间就走了 8 个，并且剩下的两个还总不出业绩。所以大家普遍关心的是，营销团队的招聘有没有技巧？

其实营销团队的招聘可以根据岗位管理标杆，也叫简历标杆去做。将简历标杆用于招聘，就是用本行业或本公司已有样本的各项特征为基准，来招合适的营销人员。选取做得很棒的人，把他们的行为记录下来，做出指标，然后用这些指标去招聘。因此，所谓简历标杆，即一个团队、一个组织、一个公司，通过一段时间的工作沉淀，留下来的优秀者的基本特征。

在长松股份，我们每隔一段时间就会总结团队中业绩优秀者的特征，长久下来便形成了如下简历标杆。

> 所谓简历标杆，即一个团队、一个组织、一个公司，通过一段时间的工作沉淀，留下来的优秀者的基本特征。

（1）年龄

年龄指容易出高业绩的年龄段。

这里我没有职场歧视的意思，只是营销这个岗位，既需要经验，也需要精力，太年轻的，经验不够，年长一点的可能精力、体力跟不上。在长松股份，辅导师年龄一般为 35～45 岁。

（2）学历

学历指容易出高业绩的学历段。

长松股份的业务员学历最低要求为大专。

做营销，对学历的要求不是太高。一个人读完硕士甚至读完博士，他是不会轻易做营销工作的。我们发现，知识越多、专业化程度越高、研究的课题越多的人，他的营销能力反而会有所下降。不是说所有学历高的人都不适合做营销，但一般情况下，学历越高，做一线销售的能力越低。

知识越多、专业化程度越高、研究的课题越多的人，他的营销能力反而会有所下降。

（3）知识

知识包括通用知识、行业知识、企业知识、岗位知识。企业规模不一样，企业所在的行业位置不一样，企业对员工要求的知识量也不一样。

行业知识、企业知识和岗位知识是员工应具备的基础知识。此外，就业务员的根本竞争力而言，通用知识是非常重要的。通用知识的获得，与一个人的兴趣、眼界，以及工作要求有关。一个人的知识面越宽，适应能力往往越强。知识体系出问题的时候，他的接收能力、转化能力都会受到很大影响，甚至会影响他的决策。业务员的学历或许要求不高，但最好通用知识面广，甚至杂，什么都知道一点，而不能太专。

比如一个学财务的专科生，他只学了财务知识，大专毕业以后容易做好营销。结果他考一个会计证，接着又考了

业务员的学历或许要求不高，但最好通用知识面广，甚至杂，什么都知道一点，而不能太专。

CPA（注册会计师）、CIA（国际注册内部审计师）、基金从业资格证……考了好多证以后，他反而很难做好营销了。因为他离财务这个岗位越来越近，离营销岗位越来越远了。我们再次强调，营销是一个高失败率、高压力的工作，一个人手里有这么多证书，完全可以找一个专业对口的、比营销轻松的工作，很少有人具备这些条件还要做业务员的。

（4）经验

经验证明一个人过去的工作情况，也就是过去有没有做出过成绩。他如果在之前的公司有过成绩，来到你的公司做出成绩的可能性就大。如果他以前从来都没有完成过艰巨的任务，没有做出过成绩，那么对你的公司来说试错成本就会有点高。

经验要求具体指什么？比如要招一名人力资源总监，有的企业要求有 10 年以上人力资源工作经验、3 年人力资源总监经验、对薪酬股改有丰富的经验，这就是经验要求。再比如有的企业对营销总监的经验要求是有独立的市场策划能力、有独特的商业模式构建能力、有打造销售平台和组建团队的经验、擅长大客户开发。

经验包括公司外经验、公司内经验，其中，公司外经验主要指岗位经验、行业经验。

比如要招一名总经理，我们希望他之前做过总经理，这叫公司外经验。但是有公司外经验的人流失率比较高，原因是我们只考虑了他的公司外经验，而没有考虑他的公司内经验。一名总经理来到新公司，首先要了解公司的文化、使命、架构、流程、机制、团队。如果对此一无所知，做管理时会有很多冲突，他的留存率就低一些。现在有很多公司招聘的高管，外部能力很强，但在公司待不长久，很多时候就和缺乏公司内经验有巨大的关系。所以企业招聘会设置试用期，给新员工积累公司内经验创造条件。

此外，应聘者在以前公司的职位，可以算作他能力的一个参照，但不能完全以此衡量他的水平。比如，一个人在前一个公司是总经理，他正是因为能力不行，不能任该职位而离职了，这时，他或许不愿再找总经理以下职位的工作，但让他做总经理，对新公司而言又可能是一个雷。

我们公司在招业务员的时候，喜欢用没有在培训公司干过而做过业务员的人，也就是对有同行业经验的人，我们会用得少一些。我们发现过去几年从同行业引进的一些人才，前三个月业绩很不错，三个月以后就有些乏力，他们把老客户再吃一遍，就没有新的动能了。所以我们更喜欢没有在培训公司干过、但在别的行业做过业务员特别是做过两三年业务员的人。

此外，我们还要看他们以前所售产品的类型。

销售的产品有很多类别，比如卖工程机械就属于 B2B 的销售类型，销售这种产品成交一个客户可能需要三五个月，甚至半年。如果换成卖水果，哪里需要三个月？5 分钟也许就能卖出一单。所以卖水果和卖工程机械，差别很大。

长松股份卖一门微课，可能只需要

我们公司在招业务员的时候，喜欢用没有在培训公司干过而做过业务员的人，也就是对有同行业经验的人，我们会用得少一些。

半个月，但卖一个辅导案，怎么也得两三个月的时间。因为我们在这两三个月里，需要帮助企业建立关系方案，谈判，上门做路演，约定辅导周期，然后签合同，追款。一个经常卖短期产品的人，多半卖不了长期产品。同样，一个卖长期产品的人，其实也不喜欢卖短期产品。所以你招聘的时候要考虑对方之前销售的产品的销售周期与你公司产品的销售周期是否差异过大。

> 一个经常卖短期产品的人，多半卖不了长期产品。同样，一个卖长期产品的人，其实也不喜欢卖短期产品。

（5）籍贯

我们公司员工的情况是，本地城市员工的留存率非常低，外地农村员工的留存率相对比较高。所以我们在招聘时要考虑这个因素。这不是区域歧视，只是发现了这个规律，我们会多加注意。当然，每一家企业都有自己的具体情况，可以具体情况具体分析，最终目的都是提高员工的稳定性。

（6）能力

能力指员工具体的工作能力，而非知识或经验。知识转化为生产力才有用。研究发现，社会价值比较高或者对社会贡献比较大的人通常有以下几种能力。

第一，行动力。

敢于行动，敢于试错。我们把这种情况叫作折腾，敢于折腾才有机会，善于折腾才能成功。成功人士，面对不同的环境会不停地去折腾，但行动的时候并不会盲动乱动，而是围绕一件事情、一个目标进行到底。

> 敢于折腾才有机会，善于折腾才能成功。

第二，学习力。

在行动的过程中，往往会遇到这样那样的困难和障碍。所以除了要有行动以外，还要有学习力。学习力的核心，不仅是获取知识，而且是有效地转化知识。学习力的核心是转化，行动力的核心是专注。有行动力又愿意学习，这是

> 学习力的核心是转化，行动力的核心是专注。

一个人成功的基本条件。

第三，动员力。

动员力，也可以简单理解为号召力。当你为某件事做动员的时候，有人愿意付出行动，这就说明你有动员力。动员力的核心是让别人行动。如果一个人有动员力，他一定能带好一个团队。

第四，讲授能力。

讲授能力，也就是培训能力。如果你是一个部门的负责人，要看你能不能把部门工作需要的技能传授给下属。如果你是一个基层员工，要看你能不能把应该做的事讲授给同级部门、联合部门的同事，甚至客户，让他们理解、接受。

第五，方案书写能力。

方案书写能力，即你能写出一些文字性的文件，通过文字让岗位具有传承性的能力。即使你从这个岗位上离开了，岗位的操作手册依然存在，能够把工作的方法、经验、教训传下去。

（7）创业经历

一个人是否有创业的经历，是考量这个人能否做好营销的一个关键因素。

（8）性格

是不是外向型性格的人就能把营销做好呢？经过研究简历标杆，我们发现不是的。倒是很多性格中性或偏内向的人能把营销做得很好。从我们实际了解的数据看，过于口齿伶俐、爱表达的人往往卖不掉东西，而不吭声、低头默默做服务、认真拜访客户的人反而容易把产品卖出去。我认为这是因为客户更信赖踏实稳重的人，而非夸夸其谈的人。有时候取信于客户，不是看你说了什么，而是看你做了什么。

以上就是我们公司招聘业务员时参考的指标。

一家做工程营销的企业和一家做服务业的企业，其简历标杆是不完全相同的。企业要根据自身特点、行业特点，总结出

企业要根据自身特点、行业特点，总结出适合自己的简历标杆。

适合自己的简历标杆。

简历标杆不仅对营销团队的组建非常重要，对生产团队、研发团队、专家团队的组建同样如此，它是组建团队的核心工具。任何一家企业，都要给招聘做出一个标准，当你的样板越多的时候，选出来的人就越准确。

那么，简历标杆的指标得分的分值怎么设置？一般来讲，我们给每一项设为满分4分，应聘者越符合指标情况，得分越高。比如学历有高中、中专、大专、本科、硕士研究生、博士研究生，我们公司比较适合本科生和大专生，学历为这两项的人得4分。硕士生可能会得到一两分，博士生就得0分了。前面分析了，博士生不适合到我们公司做营销。这样把各项指标的得分加总，作为一个参考值，在面试中占80%的比重，再结合应聘者的其他条件，基本上就能决定用不用这个人了。

3. 营销团队的架构设定

营销团队的架构其实是很重要的。一提到营销团队的架构，很多人就认为招一些业务员不就有营销团队了吗？其实不是的，好的营销团队需要架构，不能忽略以下四个重要部分。

第一个重要部分：管理团队，就是营销团队的管理层。

第二个重要部分：业务架构，就是业务员团队。

第三个重要部分：职能架构，包含运营、人事和财务。

第四个重要部分：专家团队。

关于业务员的招聘，上一节讲了很多，以下重点讲职能架构和专家团队，再简单介绍一下管理团队。

（1）职能架构

第一，运营。

在营销团队里面，不太建议分别设

好的营销团队需要架构，不能忽略以下四个重要部分：管理团队、业务架构、职能架构、专家团队。

置后勤部、行政部等，我个人的建议是后勤部、行政部、运营部并入一个部门，这个部门就叫"运营部"。总公司可能会有行政经理、后勤经理，但是销售型的团队只需要设置一个运营干事，这个职能部门可以直接叫运营岗。

我们长松股份就只有一个运营岗，运营干事什么活儿都干，招人的时候他配合做招聘，后勤方面他管理物资、仓储，还有沟通协调。如果营销团队比较小，那么运营岗还可以兼管人事工作。如果团队规模整体还可以，比如一个营销团队有几十个人，那就应该专门有一个人来管招聘、发工资、盯纪律、做考核、搞培训等。可以看到，人事的工作内容比较多，营销团队规模一大，就可以把人事和运营这两个岗位分开。

第二，人事。

有的企业把人事岗位叫 HRBP（Human Resource Business Partner，人力资源业务

> 销售型的团队只需要设置一个运营干事，这个职能部门可以直接叫运营岗。

合作伙伴），这个岗位上的人一般是总部派驻的人力资源管理者。总部把所有的制度都做好了，HRBP 做执行工作就可以了。但小微企业往往没有总部，也没有完善的管理系统，小微企业的人事要做好三个重要的工作：第一，招聘；第二，考核；第三，薪酬设计。人力资源管理的工作非常多，但这三个是纲，是基础，把这三个基础工作做好，整个团队才能井井有条。

第三，财务。

财务工作也非常重要。一般来讲，营销人员是不能接触钱的。有一个重要的原则，叫"事不过夜"，就是关于钱的问题必须当天解决。像我们公司的营销人员一般是不能碰钱的，而财务在营销团队里有以下三大重要的作用。

第一个作用，管好钱，管好账。

第二个作用，做出营销数据，持续反映给管理者，让管理者知道营销团队

小微企业的人事要做好三个重要的工作：第一，招聘；第二，考核；第三，薪酬设计。

的业绩到底做得怎么样，人效比、仓储情况如何，等等。

第三个作用，做好行为管理，就是支持业务团队的工作。

综上，职能架构中，运营、人事、财务各有其作用，尤其人事和财务这两个重要岗位，人员是需要我们自己配备的，且要有专业性。有的企业不是很关注这点，甚至把这两部分工作外包出去，这是非常不对的。我的建议是一定要有自己的专职团队。

（2）专家团队

营销有一个规律：它是弱者向强者推销的过程。

为什么营销团队里面要有专家团队呢？其实，营销有一个规律：它是弱者向强者推销的过程。这怎么讲？比如：卖车的业务员不一定有钱，但买车的人几乎都比业务员有钱，甚至卖车的业务员不一定有买车的人了解车。

举一个具体的例子。

我们公司的业务员，一般都是刚毕业两三年的学生，而我们的客户都是老板。这些业务员和老板谈生意，很容易三五句话就败下阵来。这就导致了很多业务员没有业绩。业务员没业绩，企业也就没有业绩，那我们该怎么办呢？其实有一个非常有效的办法，就是我们要找这个行业的专家，让他们来促成最后的成交。比如你要买玉，你更容易相信玉石专家的推荐；你买茶叶，也更容易相信研究茶叶多年的专家，而不是一个初出茅庐的业务员的话。

我们长松股份所有大单的成交，都是由我们的专家来引导的。他要么是个组织专家，要么是个财务专家，要么是个家庭教育专家，总之是我们业务领域内某一方面的专家。

专家团队通常要有三个专家：第一个是成交专家，第二个是市场策划专家，第三个是招商专家。

专家团队通常要有三个专家：第一个是成交专家，第二个是市场策划专家，第三个是招商专家。

我在 2005 年刚开始做培训的时候，发现很多老板综合能力其实挺强的，但企业业绩就是上不去。有位营销总监带了十几个业务员，业务员们一直不出单，只有他自己能促成成交，可他一人的时间和精力是有限的。可见，企业必须有一个专家团队。小微企业至少要有成交专家。

企业必须有一个专家团队。小微企业至少要有成交专家。

（3）管理团队

一般来讲，小微企业的营销团队还需要管理团队来做管理。管理团队的配备一般是一个正总和一个副总。正总管专家和协调，副总管职能和业务。很多老板问我管理团队是否不需要做业绩而只做管理就可以了，我的答案是否定的。我认为管理团队也要做业绩，管理团队做业绩主要是起榜样的作用，让业务员看管理者是怎么做的，并跟着学。

我认为管理团队也要做业绩，管理团队做业绩主要是起榜样的作用，让业务员看管理者是怎么做的，并跟着学。

4. 营销团队架构的特征

总结一下前面所说的，小微企业的营销团队架构主要有以下几个特征：第一，要有专家的岗位；第二，管理团队自己要做业绩，要给普通员工做榜样；第三，要把行政、后勤这些部门合并成运营岗；第四，规模大的团队要有专门的人力资源管理岗，主要负责招聘、考核、薪酬设计；第五，必须有专业的财务人员来协助业务和管理工作。

营销团队的流程建设

1. 优秀的营销离不开流程

（1）从经验式经营转变为流程式经营

解决产品设计问题，建立了营销团队，接下来就要考虑如何卖产品了。

卖产品有两种办法：第一种是经验式销售法，第二种是流程式销售法。

有好多小店做的饭菜特别好吃，他们没什么理论，也没什么方子，就是揣摩食客的要求，提供迎合大众的菜式，

卖产品有两种办法：第一种是经验式销售法，第二种是流程式销售法。

我们把这种叫经验式经营。经验式经营有一个特点，以某个有兴趣、有经验的人干不动了为终点。这个人干不动了，小店也就关张了。

台湾有一个医生专门治疗腰椎间盘突出症。我的一个朋友腰椎间盘突出，试过各种治疗方式都没有用。她专程飞到台湾，找这个医生医治。医生进行了推拿，又开了膏药，再加上各种调养措施，现在我朋友完全好了。我朋友也是这个医生职业生涯中的最后一个客户，她感觉特别幸运，她说她再晚去一会儿，病就看不了了。

这个医生有三个儿子，但没有一个人愿意学习这门技术。因为这门技术学起来很苦，给病人做治疗的时候，要有强大的手部力量，还要做清肠。医生的儿子们没人愿意干这个活儿。最后，这个治疗方法就失传了。

小微企业要避免经验式销售，否则，有经验的人一走，企业就做不下去了。

什么是流程式销售呢？就是将销售过程总结归纳成一套固

定动作，确保绝大多数人按照这套动作去做，把产品卖出去。

> 小微企业多为初创企业，经验相对较少，就更要注重积累，凡事都要形成流程并记录下来。

小微企业多为初创企业，经验相对较少，就更要注重积累，凡事都要形成流程并记录下来。早期的流程一般是用文字记录的，近期我们再做流程，应该做成文字＋音频＋视频的形式。比如记录销售流程，除了有书面的流程介绍，还可以制作音频和视频，直观展示如何拜访客户、怎么促成交易等，这就有了培训新员工的素材。

> 企业的经营方式，一定要从经验型走向流程型。

企业的经营方式，一定要从经验型走向流程型。我从事管理培训工作这么多年，非常清楚相较于经验式经营，流程式经营具有的先进性。比如我最擅长讲组织系统，如果长松股份只是一家以我贾长松为大课老师的公司，那么有朝一日我讲不了课、上不了台了，我们这家公司的生命周期也就宣告结束了。但让我庆幸的是，我们通过这么多年的努力，已经培养了98名组织系统辅导师。

除了我之外，我们还有一大批优秀的老师。我们下一步还要培养更多的老师，本质上就是去贾长松化，目的是希望我们公司变成一家可以传承的公司。

很多公司就只有老板厉害，其他人不厉害，那老板生病了怎么办？我 2020 年在美国待了 9 个月，我们公司的业绩竟然增长了 50%！原本我挺焦虑，心想我不在国内的时候公司是不是快不行了，但这个业绩告诉我，即使我没在国内，公司照样能够健康发展。再比如我们公司讲家庭教育的张健老师，他手下有 10 名辅导师做家庭教育，他们这个家庭教育团队的价值至少是过亿的。这就是流程化给企业带来的价值。

小微企业实现流程化经营的过程会比较漫长，却很重要。

日本丰田汽车公司是流程管理做得比较好的企业。我们去丰田汽车的工厂考察，发现工厂的墙上全是各种标语、图示及解决方案。

我看到墙上有这样一段话："当生产的一个产品被发现是次品的时候，这个环节的人一定要把它拿下来。"如果拿不下来怎么办？那么这个流程的工作人员一定要口头通知到下一个环节的工作人员，并且确认下一个工作环节的人把它拿下来。如果下一个工作环节的人依然不能把次品拿下来，那就可以启动生产流水线的紧急制动系统，暂停流水线，直到把这个次品清理掉。关于这个流程，怎么启动，怎么制动，墙上都有展示。这就体现了丰田汽车公司对流程的精益化管理。

（2）销售动作要实现流程化

销售必须有流程。销售的流程管理历史悠久，时至今日，销售流程方面的内容已经很丰富且细致，比如互联网销售流程、门店销售流程、上门拜访流程、会议营销流程、路演招标流程等。不过，不同品类销售流程的具体节奏会不一样。

有的人会感到奇怪：那个人曾经是某个销售公司的销售冠军，为什么到了我们公司就没有业绩呢？好比一个门店类的店长，做了这家公司十几年的销售冠军，让他到做路演的销售公司里面做销售员，他一开始很可能没有业绩，因为他还不熟悉新公司新产品的销售流程。所以，我在这里介绍的销售流程，不能作为每一家企业的标准销售流程，因为每一家企业卖的产品不一样，销售流程也会不一样。我只能告诉大家，流程应该怎么去做。

比如，我最早打通的是会议营销流程。每一个动作，每一个环节，我都了如指掌。还有，我们公司 98 名辅导师做的路演 1.0 培训推广，也都是我培训的，我打通了这个销售流程。现在，我正在研究互联网，力争用 4~5 年的时间打通互联网营销流程。

一家公司积累的销售流程不一定很全面，但一定要有、要精。现在依然有很多公司没有属于自己的销售流程，这就非常可怕了。

（3）销售流程的设置不能脱离客户

不同的销售流程，本质原理也不一样，但是所有销售流程都有一些共性，即销售流程具体表现为我们的动作，而我们的动作永远要根据客户的表现来配备。也就是说，真正的销售流程需要我们沿着客户的道路来寻找我们的道路，从而达到和谐统一，使双方走到一起。

销售流程具体表现为我们的动作，而我们的动作永远要根据客户的表现来配备。

比如我们开一家门店卖茶叶，结果消费者早就习惯到网上买茶叶了；我们在淘宝上开了一家裙子店，但是消费者已经去抖音上买裙子了，这就说明道不对。现在大家是不是都爱在网上学习家庭教育？那我们就得在互联网上投入精力。比如，我们录制小微企业管理课，不是为了卖课，而是为了增加我们在互联网上的影响力，让大家只要上网，就容易看到我们。

前几天我去洗照片，冲洗店的人问："你是不是抖音上那个贾长松老师？"我说："你怎么知道的？"他说："我看抖音老刷到你。"这就是互联网增加了我的影响力。

（4）摸透客户心理有利于促成交易

在成交过程当中，客户的心理会产生一系列变化：第一个变化，制定目标；第二个变化，发现问题；第三个变化，确定需求；第四个变化，产生痛苦；第五个变化，解决需求；第六个变化，选择方案；第七个变化，确定方案；第八个变化，成交。

比如一个人说："我要健康。"这是他的目标。结果他发现自己有一个问题——牙疼。有蛀牙，是不是一定要拔掉？答案是不一定。很多人的牙有问题，如果不是严重到影响生活，他们一般都不会主动去处理，这就是有需求却不解决。这是你向客户推销产品的时候，客户不愿意买的原因之一。很多人看似有需求，但是没有解决的欲望。

我第一次看牙的时候，牙齿的问题很多，还有好多结石。在此之前，我从来没有做过深度洗牙。

后来我为什么要洗牙？我的医生讲了一句话，让我终身难忘。他说："我有一个理想，我希望你80岁的时候，还有一口好牙。"这个理念，一下子对我产生了深远的影响。我说："别说80岁了，不少人四五十岁就开始掉牙了。"为什么掉牙？因为他们的牙长期有小毛病，但他们从来不管，日积月累，小毛病就成了难以解决的大问题。

要想80岁还有一口好牙，应该怎么办呢？首先我上面已经长了两颗智齿，下面没有对应的牙，所以要把智齿拔掉。然后要把牙结石清理干净。我还有一颗牙上有一个蛀洞，要把坏的部分全清掉，补好。我不断地有需求和痛苦，促使我不断地去寻求解决方案。

我现在不用普通牙刷，用的都是电动牙刷，并且用漱口水、牙线清理牙齿，所以我最近没有牙疼、牙酸这些问题，比以前好受很多。

我们的动作，要不断推动客户产生心理变化，直至他有成交的想法。客户要定目标的时候，我们帮助他规划；客户发现了问题，我们帮他调查；产生问题的原因找到了，我们帮客户分析需求，挖掘痛苦，给出方案；客户要做选择的时候，我们提炼卖点；客户要确定下来的时候，我们推动谈判；客户要成交的时候，我们准备合同。所以我们的销售流程大致上是：规划目标—调查问题—分析需求—挖掘痛苦—提供方案—提炼卖点—推动谈判—准备合同—促成交易。

我们的销售流程大致上是：规划目标—调查问题—分析需求—挖掘痛苦—提供方案—提炼卖点—推动谈判—准备合同—促成交易。

你卖菜，顾客来了，你先问："晚上想吃点啥？"这就叫规划、调查加分析。顾客说："胃口不好，想吃点青菜，想炖点鸡汤……"你接着说："我这儿的菜很新鲜，你看一下。"意思就是别人的不新鲜，这就叫挖痛苦，给方案。然后你还可以给出你的卖点："这是早上刚进的黄瓜，来两根？"早上刚进的黄瓜，不是昨天夜里进的，这就叫卖点。当顾客说"我再看看"时，你接着谈判说"你买得多，我再送你两根香菜"，推动他产生购买的想法。最后顾客扫码，交易完成。

你看，这些卖菜的话术就是一套流程。这是比较快的，1分钟内全部搞定。有的产品需要10个月谈一个单，基本上也是这个流程。

销售流程，是一个可以复制传承的非常重要的工具。你的流程不能混乱、打架。就像你和一个女孩第一次约会的时候，你绝对不能说"咱俩直接结婚吧"。那么你应该怎么说？这个时候，你需要先谈梦想。你可以说："我想买一套带院子的房子，院子里种的全是鲜花。房子有一个大窗户，窗户边放一个画板，有一个女孩在那里画画。"单刀直入和先做铺垫，哪种方式姑娘更容易接受？一定是帮助她规划目标的男孩更容易获得芳心。这就是按流程一步一步来的必要性。但是你也不能始终停在某一步上不前进。你跟女孩都约会三年了，天天说"我有一个梦想，有个女孩在那儿画画"，女孩多半会提出分手，因为你一直在规划，却拿不出解决方案。

营销其实就是玩透流程。我们发现，互联网营销、门店营销、大客户营销、小客户营销、会议营销、谈判营销……它们都涉及心理学。摸透客户心理，才会有最佳效率。今天能成交的，就今天成交。明天才成交，那你的成交成本就会不一样，你的利润就会降低。优秀的营销公司，一定是用最佳的成本、最好的效率、最精准的动作达到最好的成交率。

优秀的营销公司，一定是用最佳的成本、最好的效率、最精准的动作达到最好的成交率。

2. 把销售流程分段，让不同的人负责不同的阶段

（1）使用销售流程时存在的问题

并不是销售流程建起来就万事大吉了。即使有了销售流程，销售过程中也容易出现以下两个问题。

第一个问题，业务员按自己的流程走，根本没按顾客的心理变化去推动。你买戒指、买鲜花、买房子、买车子，而你追的那个女孩完全没有结婚的计划，你买得再多也是白搭。

第二个问题，流程中的所有事情如果都让普通业务员去做，他是做不好的，因为他能力有限、经验不足，很难成交。我们前面提到过，营销是强弱关系的一种互动。如果你开发的客户是位大老板，你的业务员约他见个面，他说："我只给你 3 分钟时间。"业务员问："您有什么需求吗？"他说："我没有。"他就是不想告诉业务员，这个时候该怎么办？还有的业务员，话术背了好长时间，结果一见面客户一句话就把他打发了。

我接过一个推销电话，对方说："您是贾先生吗？您现在的移动套餐是 88 元 / 月的套餐，如果您每月能消费 100 元的话，我们就每月送您 10 个 G 的流量。"我一听，就知道他没有接受过销售流程的培训。我现

在确实是 88 元 / 月的套餐，但我以前是 188 元 / 月的套餐，最近我才把它降到 88 元 / 月的。因为我几乎就不怎么打电话、发短信，上网的话，办公室、家里、车上都有 Wi-Fi，我还要那么多手机流量干什么？而他在推销之前根本没有了解我的实际情况和需求，非常不专业。

我说："我办不了 100 元 / 月的流量套餐。"

"为什么？"

"我 1~8 月份在美国，什么都没用，你照收我 88 元 / 月，你咋不给我退点钱呢？我完全就没有用，不信你可以查我的记录。你多给我 10 个 G 的流量，我也根本用不上。"

这就是一个失败的推销过程。

（2）分层营销，让专家推动成交

基于以上问题，我们需要对销售流程进行分段，把某个环节的工作交给业务员，把某个环节的工作交给经理，把某个环节的工作交给 OPP 营销 ① 专家，把某个环节的工作交给技术人

① OPP 营销，指的是机会营销（OPP 是英文 opportunity 的简称，是机会的意思），是招商营销、会议营销等各种营销方式的总称。

员……也就是说，要对营销工作进行分工，让不同的人员在不同的阶段做不同的工作。这是这几十年来我们在做营销的过程中研究出来的一个非常重要的法则。业务员只负责收集客户信息，调查客户资料，最多负责到和客户建立初步关系。要与客户见面的时候，应该由经理带着业务员去，经理和客户交谈，业务员在旁边看、听、学习。很多时候，业务员一张嘴，客户就失去了。因为很多业务员缺乏经验，而经理接触的客户多，所以他在挖掘客户痛苦方面更有经验，可以帮助业务员。但是经理不推动成交，经理可以对客户说："要不哪天您去我们公司参观一下，或者某一天我们有一个会议您可以参加一下。"这样可以把很多个客户集中到一起，由更高水平的专家去现场成交。

有时候你想达到某种成交，但你不要自己先说话，要想一想有没有谁更适合说关于成交的话。我在这方面的经验

要对营销工作进行分工，让不同的人员在不同的阶段做不同的工作。

还是比较丰富的。比如我想让我老婆做一件什么事情，我一般不说。因为我和我老婆是对等的能量关系，我说的话她不容易听进去。这时，我需要找一个能量比我老婆高的人去说服她。

我老婆最听她妈妈的话，也就是我岳母的话。所以我想让我老婆做什么事情，就直接告诉我岳母，而且我会注意说话的方式，委婉地表达。

因为我和我老婆是大学同学，所以我们两个在说话时往往比较随意。我觉得我们应该注意一下说话方式，不能太冲，凡事都应该和和气气的。可是我老婆不听我的，她说："你自己还有很多地方做得不好，我说话有什么不能冲的？"我发现与她沟通没有用，于是找到我岳母，和岳母散步的时候，把我的想法同她谈了谈。我岳母马上就知道我的意思了，于是她就找我老婆谈心，并且我也知道她们是怎么谈的。

第一句话是，"组建家庭不容易，很多时候家庭散的原因，就是有一方说话不注意方式，所以你要注意点……"我老婆认为，妈妈既是长辈，也是站在她那边的，于情于理都要听妈妈的。我就这样达到了目的。

在销售的时候也是一样，很多时候，业务员要找专家来成交，不要自己去做成交。专家一句话比业务员说一百句话都管用。

业务员要找专家来成交，不要自己去做成交。

面对普通业务员和技术专家，客户更倾向于相信技术专家讲的话。比如技术专家说"你有必要再买个××"，客户一般会比较相信；但如果是业务员这样说，客户就总以为他要再挣自己的钱。客户觉得技术专家是了解他的，技术专家提出的需求是真的，不仅成交比较容易，后续复购也会容易一些。

客户觉得专家的意见是解决问题的核心，客户觉得经理的意见是对自己的重视。而这些往往都是业务员达不到的境界。

我们要非常注意"分层营销，分层培训"这8个字。分层营销，就是在营销的时候，根据流程在不同的阶段让不同的人做不同的工作。同时，我们做销分层营销，就是在营销的时候，根据流程在不同的阶段让不同的人做不同的工作。

售培训的时候也是要分层的，比如对业务员的初期培训，我们先别让他们谈多成交，而是让他们和更多的客户建立联系。这就叫分层营销，分层培训。

▪ ▪ ▪ ▪ 营销团队的提成、分红与股权分配

一家企业的薪酬机制做得比较棒，好的员工就会愿意加入这家企业。这是我在思考企业薪酬设计时发现的一个规律。一家企业做得很大，平台起点高，晋升机会多，很多人想到这家企业去上班，其实往往是这家企业的薪酬机制很棒。

大家有没有发现，相比小城市，很多人都喜欢到大城市去谋生。人们经常说："大城市的机会更多。"那到底是大城市的机会多还是小城市的机会多？我

> 一家企业的薪酬机制做得比较棒，好的员工就会愿意加入这家企业。

认为相对来说还是小城市的机会更多。因为机会的比例都是相等的，但是小城市的能人少，稍微有点能耐的人可以在小城市脱颖而出。那人们为什么还要到大城市上班呢？因为在大城市里，人们与政府部门、社会单位及他人沟通的时候会相对容易，办事效率更高。所以很多人才留在大城市。总之，并不是大城市机会多，而是大城市人文环境更棒、更好，让人们更舒心。这就是机制、环境对人的影响。

不仅企业需要好的机制和环境，一个团队也需要好的机制和环境。营销团队的业绩对企业整体业绩起决定性的作用，而团队内部的激励机制和激励文化深刻地影响着每一名业务员的个人业绩，所以针对团队全员的激励至关重要。对于营销团队而言，能直接起到激励作用的就是薪酬机制。在本节，我们就重点讲一下薪酬机制中比较重要的提成、分红以及股权分配。

1. 营销团队的提成设计

对营销团队的薪酬有最直接影响的就是提成。提成设计得不好，团队士气将大受打击。

（1）不好的提成制度会影响团队士气

在一家企业里，不良的提成制度会表现出以下几种现象。

第一个现象：经理和员工的提成都一样。

比如给员工提成 10 个点，给经理也提成 10 个点，导致经理不愿意做经理，最后的结果是经理层人才流失。

第二个现象：经理只拿管理奖，不能拿提成，只有员工才拿提成。

这就会导致经理被迫无奈做出选择，要么只做业务员，要么只做管理。

我们在前面提到过，经理是员工最好的榜样。他在做员工时业绩做得很棒，现在不让他做业务，他不就直接废掉了吗？所以企业让经理只做管理不做业务的话，对企业整体业务的伤害是很大的。

第三个现象：经理做业务、有提成，但提成点特别低。

不好的提成制度会影响团队士气。

为了让经理去做管理，就降低其业务提成点。

第四个现象：不管是经理还是员工都必须达到一个目标以后才会有提成。

如果低于这个目标就没有提成，这种企业很可怕，人为制造了员工的工作恐惧感。

以上这些现象都是因为对提成的设计有问题造成的。

（2）营销团队提成设计的三大元素

下面我们重点介绍一下，小微企业在设计营销团队提成时需要特别注意的三个重要元素。

第一个重要元素，提成基数。

常见的提成方式有以下几种：第一，提业绩；第二，提毛利；第三，提纯利；第四，提单位数。

所以第一件事情，就是要确定提成的基数是什么。说心里话，能提业绩的，

能提业绩的，就不提毛利，因为业绩计算简单。

就不提毛利润，因为业绩计算简单。

给营销人员设计提成，最好让他们自己就能算明白月底能挣多少钱。所以提成设计一定要计算简单，别搞得太复杂。有的企业的业务员根本算不明白自己能挣多少钱，甚至很多人拿到工资了都没算出来自己是怎么领到这个数额的钱的。这就说明企业的薪酬机制太复杂了。要想简单，就要从源头做起，首先要找到一个好计算的基数。

提成设计一定要计算简单，别搞得太复杂。

第二个重要元素，提成比例。

提成比例，就是我们准备给营销团队提成百分之多少。这个比例一般是通过毛利润算出来的。

举个例子，一个杯子卖了 10 元，成本是 5 元，那么，毛利润就是 5 元。这个时候，我们给员工提成毛利润的 20%，就等于提成 1 元。销售价是 10 元，所以提成比例就是售价的 10%。

如果它的成本不是 5 元，而是 8 元，那么它的毛利润就是2元，2元乘以20%就是0.4元，即售价10元，提成售价的4%。

为什么不同企业的提成比例不一样？原因之一就是它的比例算法几乎都和毛利润有关，都以企业扣除运营成本后的毛利润的20%～30%作为提成的基准数，这是一个重要的原则。所以，看起来是以业绩为提成的基数，其实其提成比例是经过毛利润计算而来的。之所以这样做，是为了便于员工自己计算。很多企业都不清楚这个原则，所以给员工算提成的时候都是靠感觉算出来的，很不科学。

此外，还要根据企业的产品来确定提成比例。我们把产品分为前端、中端和后端。营销的过程中有一个漏斗理论：随着时间的推移，客户会先消费前端的产品，再消费中端产品，最后消费后端产品。比如你到一家美容院，首先会办一张VIP卡吗？一般不会，你会先洗个

看起来是以业绩为提成的基数，其实其提成比例是经过毛利润计算而来的。

营销的过程中有一个漏斗理论：随着时间的推移，客户会先消费前端的产品，再消费中端产品，最后消费后端产品。

脸。第二次去又洗了脸，感觉不错，你就会问他们有没有护理？服务员说有，于是你又做个护理。做了三五次之后，你发现来这儿几次了，感觉他们的服务不错，产品效果也还可以，于是你打算长期来这家店，这才会考虑办一张 VIP 卡。洗脸就是这家美容院的前端产品，做护理就是中端产品，VIP 卡就是后端产品。

前端、中端、后端产品不一样，它们的提成也不一样。前端产品的提成要多一些，因为要开发客户。有的企业甚至把前端产品的提成设计为毛利润的 50% 左右，这样员工就会拼命销售前端产品。只要员工拼命开发前端产品的市场，客户数量就会越来越多。所以企业的业绩提成往往把 40%～50% 的毛利润给前端产品，把 30% 左右的毛利润给中端产品，把 10%～20% 的毛利润给后端产品，这样就形成了提成比例的差别。长松股份的销售提成方式就是如

企业的业绩提成往往把 40% ～ 50% 的毛利润给前端产品，把 30% 左右的毛利润给中端产品，把 10%～20% 的毛利润给后端产品，这样就形成了提成比例的差别。

前端、中端、后端产品定位不同，毛利润空间也不同，这是大家要注意的重要细节。

此，视频课程的提成比例最高，现场课程次之，辅导的比例就非常低了，只提成 2%～3%。前端、中端、后端产品定位不同，毛利润空间也不同，这是大家要注意的重要细节。

第三个重要元素，分钱方式。

营销团队的提成基数、提成比例都确定了，接下来具体该怎么分钱？

我们把营销团队的成员分为四个层级。刚来的实习员工，我们称为实习业务员，这是第一层级。转正的叫业务员，简称"业务"，这是第二层级。业务员再往上是高级业务员，简称"高业"；高业再往上就是代经理，也有的叫副经理，简称"代经"，这是第三层级。代经上面依次是经理、高级经理、代总监、总监、副总经理、总经理，他们为第四层级。职级设置不是固定的，企业可根据自身情况调整。总的原则是人员层级越高，提成比例越高。

比如实习业务员、业务员、高级业务员、代经理、经理、总监 6 个不同职位的人，每个人销售 1 万元产品，但由于职位不同，所得的提成比例也是不一样的（见表 3-1）。实习业务员的提成是 10%，1000 元。业务员提成是 12%，1200 元。经理提成是 18%，1800 元。你要想挣多点就必须往上升职。但是想升职，就必须用数据证明自己的能力。

表 3-1　收入提成示例

单位：元

岗位	固定工资	绩效工资	个人销售额提成	团队销售额提成	分红
总监	10000	2000	18%	4%	10%
经理	9000	1500	18%	4%	2%
代经理	7000	1000	14%	—	—
高级业务员	6000	1000	14%	—	—
业务员	5000	400	12%	—	—
实习业务员	4000	300	10%	—	—

职位越低，提成比例越低；职位越高，提成比例越高。这样的好处就是逼着实习业务员做好两个工作：第一是不断做出业绩；第二是不断学知识，努力往上走。优秀企业设计薪酬制度目的就是让一个人努力往上走。企业要想办法通过机制让大家都努力为实现企业战略目标而行动。

对于经理而言，他本身的业绩提成比例就高，而他也比业务员更容易成交。此外，经理除了固定工资、个人提成收入外，还可以再挣一个收入，就是其管辖的所有员工销售额的 4% 的提成。也就是说，从每个基层员工创造的业绩里要拿走一部分给经理。所以经理的收入往往是员工的好几倍。这样可以促使经理帮助业务员成交，对团队的整体业绩而言也是有利的。同理，经理以上管理人员都可以从管辖的人员的销售额中抽走一些，作为管理提成。

经理的收入往往是员工的好几倍。这样可以促使经理帮助业务员成交，对团队的整体业绩而言也是有利的。

（3）不能把业务员的客户算成管理者的

有些基层员工说："经理的级别高，提成也高。我们把自己做的客户、获得的销售额都算成经理的，然后让经理分给我们吧。"这种情况是有的，但不合规，也不利于营销团队的长久发展。

在这里我要提醒一点，所有销售人员服务的客户在公司都要有备案，有备案的客户才受到公司的保护。我们经常发现很多公司的业务员自己搞个小本本，把客户都记在本子上，不让别人看，连他的直属领导都不知道客户有哪些，他离职的时候把信息全部带走，这对公司来讲是个损失，所以公司要尽量避免这个问题，经理们要确认员工的客户有没有备案。同时，也要避免一种情况，即把备案的客户都给了经理，那基层员工就永远也升不上去了，因为公司是看业绩积分来决定员工是否能升职的。

所以一定要记住：员工的客户是员工的，经理的客户是经理的。经理抢了员工的客户，员工就没机会升职了，员工可以投诉。同样，经理还承担着完成总目标的任务。如果经理总是自己做业务，不依靠团队的力量，那是完不成总目标的，经理的考核是综合的，不是单独只看个人业务这一项。

公司里的升职、降职都非常严谨，完全是数字化管理。经理完不成团队目标就会被降职，员工的积分不够就不能升职。经理如果把优秀业务员都给挤走，团队的目标就实现不了。团队目标实现不了，经理的职位也难保。

所以，不能把员工的客户给经理。

（4）营销团队薪酬计算示例

营销团队一般采用的薪酬结构如下。

①固定工资＋计件工资（合同单或其他数量单位）＋销售额提成＋超产奖（超出正常目标后增加的提成比例）。

如：营销人员固定工资 5000 元＋新客户合同 4000 元 / 个＋个人销售额提成 12%+ 超产奖 1.5%。

②固定工资＋绩效工资＋销售额提成＋利润提成。

如：经理固定工资 9000 元＋绩效工资 5000 元＋个人销售额提成 18%+ 团队销售额提成 4%+ 利润提成 2%。

③固定工资＋销售额提成＋期权分红（0 ~ 2 年只分红，2 ~ 5 年分红＋期权，5 年后注册股东）。

如：总监固定工资 10000 元＋个人销售额提成 18%+ 团队销售额提成 4%+ 期权分红 10%。

这种方法并不适合所有企业，但可以肯定的是，大部分企业的人员激励都可以用这种方法，因为不是只给业务员利益，企业内所有人员都应得到利益。给业务员利益是为了促进销售，给经理利益是为了促进团队管理，给总监利益是为了促进人才培养，给财务人员利益是为了做好财务支持与监管。

这种提成方法叫作菲尔德薪酬法，有以下特征。

第一个特征，最高的提成是 18%，最低的是 10%。最高的不能多于最低的 2 倍。

第二个特征，给管理者的管理提成，不能超过其自身业绩的提成。如果管理提成比他做业绩的提成还要多，就说明这种薪酬规则是不客观的。

我最近发现，有一家企业的管理提成太高，业务员拿得很少。这样就使营销团队只能靠几个核心干部出业绩，因为核心干部的收入高。招新员工也招不来，因为员工提成比例太低，最终导致营销团队建立不起来。所以业务员该拿多少，管理者该拿多少，一定有一个平衡的状态。

老板要对自己的收入有所节制。你不能利用自己掌握的机制权力无限地克扣员工的收入，从而造成不公平，如果是这样，营销团队肯定是做不起来的。

2. 营销团队的分红设计

（1）成功的老板需要两个自律

再小的企业也需要扩张。但现实中，我经常见很多小微企业的老板在扩张的路上灵魂崩盘。首先，他天天很累；其次，他现金不充足，还不挣钱；最后，他的团队和机制都不行。这种情况下，老板连抱怨都做不到。他是自己能力不够，总不能抱怨自己，想抱怨别人，又无处可抱怨，所以不少小微企业的老板殊途同归，消耗了青春，损失了金钱，浪费了资源，最终都没有挣到钱。

小微企业的人力资源管理，最重要的就是要学会利用他人的才华，进行能力互联，资源共享。所谓能力互联，也就是没有一件事是要全部靠自己去做的。所谓资源共享，就是有钱的出钱，有力的出力。我在用人的过程中有一个原则就是让专业的人干专业的事。比如我们公司很多员工干的活儿我是干不了的，但他们想单独干，因为缺乏相关支持，也不一定能干成，所以我们得一起干。

一个成功的小微企业老板，一定有两个自律：第一是名望的自律，第二是财富的自律。要实现能力互联、资源共享，要聚拢人才，离不开这两个自律。

什么是名望的自律？比如，有的老板稍微做出点成果就把功劳都揽到自己身上，天天嘴上说："自从我做了×××，企业就做大了；自从我改了×××，用了×××，我们就成功了。"别人还没夸呢，自己已经把自己夸上了天。这就是缺乏名望的自律。你的团队听完会是什么感受？我相信很多人在这种情况下都

一个成功的小微企业老板，一定有两个自律：第一是名望的自律，第二是财富的自律。

会有抵触情绪。

我经常在私下里批评人，很少当众批评人，但是对员工提出表扬就一定是在公开场合，我要把名望都给做得好的员工。

财富的自律是指企业老板不要把挣钱当成第一目标。如果真的挣了钱，老板也不能把最多的钱给自己。老板对自己的收入要学会克制。一个老板能不能把企业做大，首先看他对财富有没有克制能力。别看他讲了什么，也别看他在外面吹了什么，而要根据他面对金钱时候的态度来判断他有没有挣钱的能力。

一个老板能不能把企业做大，首先看他对财富有没有克制能力。

我每天在做自我复盘和修正的时候会思考一个问题，就是自己有没有做到财富的节制。一个人的事业要想成功，一定要学会节制。如果不节制，他就会想办法去客户那里抓，把客户给坑死，最后也害了自己。

我从2002年底开始创业，长松股份发展20年，"谢天"碰到大机遇，"谢地"

碰到国家的良好政策，再谢谢父母，谢谢同事，谢谢员工，最后得出一个结论：我能取得一点小小的成绩，纯属运气。老板用这种心态去建营销团队，团队多半就成了，也不至于天天自己到处跑业务了。

不仅当老板如此，当员工也应该有不邀功的心态。我遇到过这样一个员工，他离职时写了一封很长的辞职信，信中对自己的辞职原因避而不谈，通篇写自己何时何地对公司做了什么贡献，给公司创造了多少财富，提升多少营业额，为公司培养了多少干部……把所有功劳都揽到自己身上，把辞职信变成了功劳簿。这种辞职信，我基本上看两眼就放下了，这样的员工，我也不会费心思去挽留。

管理是什么？就是"管人理名"，把"名利"分给别人。一个人能做到把功劳归到别人身上，把钱分享给别人，那他基本上不会失败。

管理是什么？就是"管人理名"，把"名利"分给别人。

126

（2）营销团队需要分红

营销团队需不需要分红呢？当然需要。

分红对团队有很大的激励作用。小微企业在建立营销团队的时候，一定要考虑给营销团队分红。

长松股份从一开始就通过分公司、子公司的形式，直接拿出利润的 50% 进行分红。

事实上，在绝大多数管理场景中，只要把握好钱的分配，问题一般都能得到解决。

最近有一家企业要裁员 40%，老板问我该怎么裁，我说："裁员还不简单吗？通知财务，把该补的钱补到位，让该走的人走人，就行了。"我觉得，裁员没什么技术，就是要有决心，只要补偿到位，符合法律法规，裁谁都好裁。

（3）老板要学会放权

我建议大家一开始就成立独立公司。有人认为，成立独立公司会把老板的权力分走。其实不然，独立公司设置得好，更能增强老板的领导力。

我在公司里是最没权力的人。尽管我是创始人，但我对普通员工基本上行使不到什么权力。我没直接开除过谁，最多只是建议不要用某人。我在公司连一间办公室都没有，到公司都是去副总裁的办公室。既然我没有权力，那我就要培养我的领导力。要想拥有领导力，我就要做到给别人权力。

第一，我给别人用人权。

长松股份所有分／子公司员工的"生杀大权"，都掌握在分／子公司总经理的手里。他们想用谁想开除谁，都由他们自己决定，我说了不算。

第二，我给别人分配权。

把 50% 的利润分给这些分／子公司，这些总经理最低拿 30%，最高拿 40%，剩下的部分由总经理自行决定如何分。比如我们为信息中心设定机制的时候，给信息中心的负责人留了 2%～5% 的分红权。我们规定清楚负责人的分红权，是因为负责

要想拥有领导力，我就要做到给别人权力。

人不能决定给自己分多少。但其下属员工
具体分多少，是以这个负责人的意见为准
的。不过有些负责人是新加入我们公司
的，这种情况下我们会先给出一个建议，
之后如何分红，还是由负责人决定的。有
些负责人做决定的时候会找我商量，我也
会从专业角度告诉他们怎么分更有利于今
后的工作。

第三，我给他们一定的裁决权。

为什么要给他们这些权力？因为人
在被赋予权力的情况下会有一种成就感，
在这种感觉下做事会更有主动性和冲劲。
很多公司除了董事长有权力之外，其他
人都没有权力，所有决策都要听董事长
的，在这样的情况下，人们做事难免变
得被动，畏首畏尾。

> 人在被赋予权力的
> 情况下会有一种成
> 就感，在这种感觉
> 下做事会更有主动
> 性和冲劲。

（4）营销团队分红的流程

营销团队的分红有三个重要步骤：

第一个步骤，核算；第二个步骤，

分红；第三个步骤，测算。

第一，核算。

你想给别人分钱，首先得算出挣了多少钱，这就是核算。很多企业算不清楚，原因就在于没弄清核算的几个重大要素：一是业绩怎么界定，二是公摊怎么界定，三是分摊怎么界定，四是成本怎么界定。

很多企业就是因为以上问题落不了地，才导致分钱面临诸多问题。再小的公司，再简单的公司，也要依赖财务把利润算出来。核算是分红的第一个重要步骤。

我要郑重地提醒大家，核算出的利润，一定是可支配的现金利润。意思就是说我们分的是钱，不是物品，不是仓储库存，不是增值的土地。有的企业核算之后发现只剩一堆货，没有现金。这样的话，现金流断了，这家企业就麻烦大了。

企业老板要想过团队关，必须先过分红关。分红不仅要敢分，还要会分。你不会分，最后也会分破产。

第二，分红。

本质上来讲，分红就是股东与经理人之间的利益平衡。不分红，那就是股东把利润都挣走了；全分红，那就是股东没利润。所以两者之间要有一个平衡。分红之前，企业老板要搞懂四个重要的费用：第一个是股东利润，第二个是经理人利润，第三个是税收，第四个是研发费用。

企业账户上有100万元，有的老板会认为那100万元都是他自己的，企业能不缴税就不缴税，能不自己研发就不研发，企业的产品、模式、渠道完全可以模仿别人的，对经理人也尽可能不分红，给他们一点固定工资。如果股东自己干活儿、做业务，没有团队，甚至偷税漏税，就为了把钱都装到自己兜里，

本质上来讲，分红就是股东与经理人之间的利益平衡。

那么这种企业怎么可能做大呢？所以，当账上有 100 万元的时候，一般情况下，先缴纳企业所得税，然后股东拿走一部分，经理人拿走一部分，剩下的作为研发费用。

想象一下，就这么多钱，老板如果总是想自己把所有的钱都挣了，就只能把别人挤走。所以企业老板要有一种习惯，就是当创造利润的时候，把自己的那份拿走就行，至于别人的那份不要多想。这是把企业做大的一个前提。

打个比方——我今天发了工资 15000元，自己留了 5000 元，其余 10000 元交给我老婆，这 10000 元她具体怎么用，我是不管的，家庭的花销由她做主，这样家庭才能和睦。

有的老板总盯着员工的工资，员工绩效高，多拿点提成，老板就说三道四，格局太小了。

有时候，有的员工一个月的工资比我的还高，我替他高兴。因为我明白一

企业老板要有一种习惯，就是当创造利润的时候，把自己的那份拿走就行，至于别人的那份不要多想。

个道理：我挣的是我自己该挣的那份，该分给别人的就分给别人。小微企业老板如果明白这个道理，就一定会采用分红的形式。当员工的钱从问号变成句号的时候，员工就有一种主人的感觉，对自己的收入有确定性。用人的核心，就是给他确定性。

用人的核心，就是给他确定性。

给我做定制衣服的老板问我："贾老师，我问你个问题，你成功的密码是什么？"我告诉他三个字——确定性。我说："我跟我们公司的行政总裁李金翔2004年开始合作，到现在近20年了。我与我们的总裁付富春从2003年开始合作，到现在20年了。刘芸从2008年开始跟我合作，刘文举从2001年开始跟我合作，都很长时间了。其实他们和我合作不是看我每年有没有买车、有没有买房，而是他们认为我靠谱，不会三天两头地变。这就叫作用人的确定性。"

营销团队的分红机制最好不要轻易改动，一确定下来就要靠谱，很长一段时间内不变。

营销团队的分红机制最好不要轻易改动，一确定下来就要靠谱，很长一段时间内不变。

制度不能一成不变，需要革新，而分红机制不要轻易改动，更不要无故取消，因为要保证它的存续性。所以，这两者并不矛盾。

长松股份20多年来，分红机制几乎没变，只是根据时代的需要，在比例上做调整，而不是今年不分红，明年又分红。我们尽可能把它做得让大家感觉非常靠谱。企业分红机制具有确定性，可以让大家安心，感到收入有保障。只有让员工安心，员工才会把他的职业生涯交付给企业。

只有让员工安心，员工才会把他的职业生涯交付给企业。

第三，测算。

钱分出去，就行了吗？并不是。分红之后，我们还要做测算。一般测算一个岗位的薪酬，不会看最高收入，也不会看最低收入，而是看收入的中位值。

比如我们分／子公司的总经理，有的一个月挣50万元，但是也有一个月挣5000元的。每月挣50万元和挣5000元，前者是后者的100倍，就是说前者一个月的收入几乎是后者8年的收入。在长松股份，情况就是这么残酷，就是这么无情，那就要拼。

事实上我们要求薪酬的中位值数字不是这样的，我们要求的中位值数年薪是28万～35万元。年薪600万元不是我们想要的，当然年薪6万元更不是我们想要的。

有了薪酬中位值，我们在招聘时就有了标准。我们算收入，要以中位值为标准，不能拿最高收入忽悠人家入职。比如告诉入职者"公司××挣了多少

一般测算一个岗位的薪酬，不会看最高收入，也不会看最低收入，而是看收入的中位值。

钱",这是没有用的。因为这个人人职后可能挣不了那么多。所以我们不能拿最高收入去做榜样,而要看中位值。

有的总经理跟我说:"贾老师,我做总经理年收入能挣多少?"我说:"有点能力、靠谱的,一个月两三万没有问题。"他说:"那××挣了那么多呢。"我说:"人家付出的代价还很大呢,婚没结,孩子没生,这个代价你愿意不愿意?"所有人的高收入背后都是有原因的,没有平白无故的显贵,也没有从天而降的财富。你得到了什么,你肯定会失去什么,那就看你的选择了。

所有人的高收入背后都是有原因的,没有平白无故的显贵,也没有从天而降的财富。

测算完,分红才算结束。

（5）老板打开格局方能成事

我建议小微企业可以先拿18%～25%的利润去分；到了第二个阶段，可以拿30%～35%的利润去分；再往后，老板的格局高的话，可以拿50%甚至60%的利润去分。

现在我已经分出去60%～65%了，而长松股份家庭事业部的分红，甚至达到了80%。我有一个想法，下一步我要拿90%的利润去分。当然，这需要具备一些条件，需要我们的核算能力和管控能力不断提升。

老板想把小微企业做好，其实很简单，就一条，老板要懂得节制。心灵不干净，是不容易把事做大的。而现在很多小微企业的老板都有"守财"之心：第一，在想办法偷税漏税；第二，自己不搞研发，照搬照抄别人的产品和商业模式；第三，能克扣员工工资就克扣，能不分红就不分红。

心灵不干净，是不容易把事做大的。

老板把钱都留给自己，企业怎么可能做强做大？

所以如何设置分红机制关键在于老板的认知与价值观。谁先明白这个道理谁先解脱。谁解脱了，谁就不那么累，就不会在乎那几两碎银。因为当一个人不再为钱思来想去的时候，他就会静下心来研究新东西。

> 当一个人不再为钱思来想去的时候，他就会静下心来研究新东西。

3. 营销团队的股权分配

是否需要给营销团队股份呢？一般情况下，刚开始干营销的人大多数都是没钱的人，营销使穷人变富人，这是一般规律。分股份的时候通常会有以下几种选择：投资入股、对赌入股、奖励业绩入股、业绩积分入股、贷款入股、赠与入股。

以下我们一条条地来看。

第一，投资入股肯定对营销团队不合适。因为投资入股比较适合有钱人。

老板、原始股东等，适合这一种。

第二，对赌入股也不适合。营销业绩刚起步的时候，没人跟你赌。这时候营销的业绩起伏比较大，团队发展趋势不够明朗，不适合对赌入股的形式。对赌入股比较适合于技术型团队。

第三，奖励业绩入股比较适合营销团队，干多少，有多少积分，最后换成股份。

第四，贷款入股也不太适合，因为营销人员要买车买房，本身都要贷款了。贷款入股比较适合高管。

第五，赠与入股比较适合有社会关系、社会资源的人。

综上，针对不同的人，给予股份的方法是不一样的。

那么是否需要给营销人员股份呢？我们可以用奖励业绩积分入股的方式给营销人员股份。这个方式会经历以下三个阶段。

第一个阶段叫虚拟股份，等于分红。

针对不同的人，给予股份的方法是不一样的。我们可以用奖励业绩积分入股的方式给营销人员股份。

第二个阶段，干了一段时间，积分够了，虚拟股份转化成期权。期权是有条件的股份，员工离职的时候，一定要把股票退回来，企业可以适当补一点钱。

第三个阶段叫注册股，就是真正的股份了。

这三个重要阶段做好，股票的问题就解决了。此外，还要签订好各种合同，即不能只有口头承诺，一定要签订好合同。另外，还要做出一个合规合法的体系。

▪▪▪▪▪ 营销团队文化与榜样建设

1. 要树立正能量的企业文化

团队文化源于企业文化。企业文化是员工的内在信仰、核心观念，是内在的驱动力。薪酬、绩效通过激励的方式驱动员工的行为，都是外部刺激，文化和信仰是员工的永动力，能让员工对企业产生发自内心的热爱和追随。小微企业一定要有自己的企业文化。哪怕企业再小，也要有企业文化。

> 企业文化是员工的内在信仰、核心观念，是内在的驱动力。

（1）企业文化由谁主导

既然我们要谈企业文化，那么就要了解是谁主导企业文化。是不是老板？我的答案是否定的。虽然老板在企业文化塑造中起到重大作用，但要明确谁主导了企业文化，还要看企业在环境制度落实的时候，谁的决策和想法得到了验证。比如有的企业文化就是由企业当中的某一个群体主导的。

（2）先有环境，后有文化

我们想打造企业文化，首先要制造我们想要的环境。小微企业的环境，不仅仅是老板决定的，每一个人都可能有影响力。所以企业中的人的想法、行为非常重要。如果一家小微企业不以数据为导向，而以感性为导向，大家凭感觉用人，凭感觉做事，那么企业的文化好不了。

小微企业的环境，不仅仅是老板决定的，每一个人可能都有影响力。

企业想打造良好的文化，就得有一个基本导向。也就是说我们要弄清楚，我们认为什么是正确的价值观。比如长松股份有一个原则：没有数据的话其他一切免谈。久而久之，就形成了凭业绩说话的实干型文化。穿得好看没用，长得好不好看对你能不能晋升也没什么影响。你想在长松股份受到别人的尊重，就得在业绩数据上有突出表现。在我们公司，能让大家记住的那些人，不是签了大单的，就是当了销售冠军的。

（3）营销团队需要正能量的文化

要打造好的营销团队，一定要树立正能量的文化，并且要以数据为导向。什么叫正？就是别搞那些乱七八糟的。什么这哥那姐，明明人家叫张经理，你不叫张经理，非要喊人家张哥，这在企业里就不是正能量的文化。

要打造好的营销团队，一定要树立正能量的文化，并且要以数据为导向。

企业文化虽然不是老板决定的，但与老板本身有很大关系。老板喜欢名利，下面的人就喜欢溜须拍马屁；老板善变，下面的人就战战兢兢，不创新；老板违法，下面的人可能会变本加厉地违法。所以老板和企业文化的塑造有着很大的关系。

在小微企业里，正能量文化的第一个倡导者就是老板。如果一家企业的老板业务靠回扣，大单靠公关，员工靠感情，联络靠美色，流程靠洗澡，资源靠吃饭，完全把这些当成自己生存的看家本领，那这家企业的企业文化也就好不了。

此外，企业文化和社会文化也有很大的关系，企业文化是社会文化的一部分。我们在企业内部树立正能量的文化，结果社会文化全是负能量的文化，那我们也难以在企业内部维持正能量文化。社会环境风清气正，大家都按规章办事，正向的企业文化也能很好地推行下去。

2. 营销团队文化的三种类型

营销团队的文化基本可以分为三种：马文化、狼文化、鹰文化（见表3-2）。

表 3-2　营销团队文化的基本类型

文化类型	适用销售方式	特征	核心词
马文化	门店销售	优雅、细致	服务
狼文化	主动营销	主动、执行	数据
鹰文化	专家销售	专业、谈判	权威

马文化——以门店销售为代表，主要特征是优雅、细致。马文化本质上是一种服务文化。有的企业营销性不强，但服务性很强，给人一种很温馨的感受。

狼文化——以主动营销为代表，主要特征是有主动性与执行力。狼文化看重业绩和数据。

鹰文化——以专家销售为代表，一招制敌，解决问题。鹰文化的主要特征是专业度高、擅长谈判。研发、技术、工程类企业都可以用鹰文化。

马、狼、鹰三种文化适合不同的企业，有着不同的气质，比如海底捞属于马文化，华为属于狼文化，长松股份的技术辅导属于鹰文化。

3. 用文字宣扬团队文化

确定团队文化以后，还要做一件重要的事情：用文字来传播团队文化，也就是发挥笔杆子的重要性。

我们公司有一个"长松文化管理群",是我们公司文化建设的小园地。我在这个群里从不闲聊,发的内容都是与企业文化相关的、有激励作用的,我通过这个群不断给大家传播正能量。

有的员工内心会有一些小私心,我就把它说出来。比如"莫伸手,伸手必被抓",比如"不要小肚鸡肠地去用人,否则你的团队即将散伙"。我发这些,就是为了塑造文化。

企业文化不是一下子就形成的,持续不断地复盘有助于企业文化的形成与改善。

大家记住,企业文化绝对不是墙上贴几句话就完事的。企业文化不是一下子就形成的,持续不断地复盘有助于企业文化的形成与改善。笔杆子的力量太重要了,它可以持续塑造员工的价值观。

所以我们"长松文化管理群"有将近300人，我隔三岔五就要在里面发一些文字，以便激励大家，统一大家的价值观。老板的核心任务之一，就是正文化。

长松股份最厉害的武器是系统课程吗？是工具包吗？都不是，而是员工心里面那团奋斗的火。那团火就是通过企业文化熏陶出来的。营销团队文化是企业文化的一部分，也应如此。

老板的核心任务之一，就是正文化。

4. 打造企业文化还要靠树立榜样

企业文化建立起来了，也请大家不要忘记树立榜样。

我们公司每15天开一次总经理办公会，解决三个方面的问题：文化、方法论、数据。这三个方面是管理的核心。

在文化方面，每次我会让

2~3名总经理来发言。发言的内容主要分三部分：第一，长松股份的文化是什么；第二，我践行这个文化以后，得到了什么样的结果；第三，我还有哪些方面可以做得更好，我建议大家在哪些方面做改进。

其实总经理发言的目的就是替我说话，来正公司的文化，这就是榜样的力量。

企业文化的建设，除了要老板不断正文化以外，还要找榜样。这个榜样，我不但找总经理，还找表现好的普通员工。

企业文化的建设，除了要老板不断正文化以外，还要找榜样。

每个月我们都会对当月业绩排在前15名的业务员进行表彰，发荣誉证书，以此告诉大家，如果你按照正的文化前行，你将得到什么结果。同时，对那些不遵守公司文化的人，我们也会公开

批评。让大家知道如果不按照企业文化行动将得到什么

下场。所以长松股份的文化形成了以下几个关键词：

第一，相信。坚信公司，也就是前面提到的确定性。

第二，PK。数据说了算。

第三，服务。

第四，实干。实干的人才有机会。

5. 说一套做一套，成不了好文化

当然，长松股份的企业文化还有一些内容。

第一，分享文化。

有很多公司的人不分享，学会了什么方法，掌握了什么知识，都装在自己兜里，生怕别人知道。我们公司的总经理们，都是积极地把自己这个月为什么做了这么多业绩分享给大家。

第二，精进文化。

你不要以为这个月得了销售冠军就沾沾自喜，因为你需要学习的东西还有很多，一旦松懈，你很有可能就再也拿不到销售冠军。所以要不断精进。

第三，创新文化。

你的经验也许最多用两年，两年以后，这些经验很可能就

不灵了。所以不能吃老本，必须创新。

第四，我们企业经营的价值观总结起来就是 8 个字：敬畏规律，珍爱企业。

我们不是一家吹牛公司，我们敬畏规律，就因为我们敬畏规律，我们才珍爱企业。

企业文化其实很简单，关键是不能说一套做一套。

大家看，企业文化其实很简单，关键是不能说一套做一套。文化乱的核心问题，就是嘴上说着要精进，说着要分享，结果老板本身就是一个吝啬鬼，说珍爱企业，其实服务过程中偷工减料，这可不行。企业文化不论是马文化、狼文化还是鹰文化，我们都要一以贯之，通过员工听得懂的语言，不断去加深员工的印象，然后不断地树立榜样，以此强化。做文化建设，并不是喊个口号就结束了，而是每天都要做的，因为不做就会乱。制度会随着时间的推移而遭到破坏，所以，修改制度、优化制度也是企业文化建设的一部分。

修改制度、优化制度也是企业文化建设的一部分。

▦ ▪ ▦ ▪ 营销团队销售政策制定

1. 小微企业如何对产品进行定价

产品定价，对任何企业而言都是非常重要的。为什么定价很重要呢？因为它最直接体现企业的战略决策。那么，如何定价，也值得多方考量。

┅┅▪┅┅┅┅┅┅┅┅┅
为什么定价很重要呢？因为它最直接体现企业的战略决策。
┅┅┅┅┅┅┅┅▪┅┅┅

（1）考虑财务核算

我给大家举个例子，比如一个商品的所有运营成本是8元，售价是10元，那它的毛利润是 2 元。现在市场行情变化，该商品不好卖了，接下来，有两种措施可供我们选择：

第一，不降价，但业绩会下降 20%；

第二，售价打 9 折，可以把销量提上去。

请问我们下一步应该怎么选择？

可能不少人会选择降价销售，这说明他们多半没有算过账。下面我给大家简单算一下账。

在剔除其他因素，只考虑成本和收入的情况下，一个产品的成本是 8 元，售价是 10 元，销售利润率是 20%，现在打 9 折，它的销售利润率变成了 11%。如果这个产品的销售额是 100 万元，它的销售利润率是 20%，那么它的销售利润就是 20 万元。如果它的总销售额下降 20%，它的销售利润变成了 16 万元。但如果打 9 折，销售利润率由 20% 变为 11%，销售额依然是 100 万元，销售利润就只有 11 万元了。

由此，不打折的情况下，业绩虽然受到了影响，但是它的销售利润是 16 万元。而打折薄利多销以后呢？只赚了 11 万元，利润相差 5 万元。相比之下，不打折是对的。

但是，如果销售额下降 50% 甚至更多，销售利润

不到 10 万元，这时就应该选择
打折销售。

通过以上例子可知，如果我们遇到
类似问题，应该通过算账进行决策。其
实，企业的经营过程中，这样的案例实
在太多了。总的来说，不管是减价还是
打折、组合销售等促销活动，都要从利
润的角度去算一下账。很多小微企业的
老板总是脑袋一热出了一个政策，执行
时热闹得很，但忙忙碌碌干了一年，最
后一算，发现没有挣到钱，甚至还亏钱
了，这就是在定政策的时候没有深入去
算的结果。

我们公司一名员工问我："贾老师，
您说小微企业不挣钱，那还做它干吗？"
其实，我不是说小微企业不挣钱，而是
说小微企业不能天天把挣钱挂在嘴上，
应该想办法为客户提供价值。赚钱是提
供价值的附加成果。

就像一个员工天天抱怨挣不到钱，

不管是减价还是打
折、组合销售等促销
活动，都要从利润的
角度去算一下账。

我不是说小微企业不
挣钱，而是说小微企
业不能天天把挣钱挂
在嘴上，应该想办法
为客户提供价值。赚
钱是提供价值的附加
成果。

153

这样是没有用的。如果这个员工能脚踏实地，努力把业绩做上去，业余的时候通过参加继续教育或考取从业资格证书，把自己的能力、资历提升上去，为公司贡献更多价值，那么涨工资就容易了。

通过上面的内容，我想告诉大家，我们在给产品定价的时候，一是不要只想着赚钱、定高价，要保证产品的价值与价格相符；二是不要拍脑袋、想当然，一定要站到财务核算的角度，同时结合其他相关因素来考虑。

我们在给产品定价的时候，一是不要只想着赚钱、定高价，要保证产品的价值与价格相符；二是不要拍脑袋、想当然，一定要站到财务核算的角度，同时结合其他相关因素来考虑。

（2）考虑品牌和销售动作

所谓其他相关因素主要指品牌和销售动作。品牌、销售动作和价格，是影响企业销售政策的三个重要因素，三者相互作用。

品牌、销售动作和价格，是影响企业销售政策的三个重要因素，三者相互作用。

第一，品牌越大，销售动作越少。

好的东西不用使劲去推销，因为它

在客户的心中已经烙下了很深的印象。比如宾利这个品牌的车，就不需要业务员到处去发传单，也不需要站到大街上拉客，目标客户会自己找上门来。所以，品牌与动作是一个反向关系。

第二，价格与销售动作是正向关系。

价格越便宜，销售投入的动作就越少。因为同等价值的商品，价格低的，消费者购买时做决定就快，所以销售动作就相应减少了。

企业到底是采用高价战略还是低价战略，除了看产品自身价值与产品情况之外，还要看企业是否有专业的营销团队。有专业营销团队的企业一般会采用高价战略，因为不缺销售动作。有的业务员在做推销时动不动就对客户说："我给你优惠一点。"道理其实很简单，就是因为他的销售动作太少了。

有专业营销团队的企业一般会采用高价战略，因为不缺销售动作。

第三，价格与品牌存在正向关系。

这一点不言而喻，不用多说。

综上而论，小微企业在考虑定价时，首先要评估企业的品牌怎样。比如我们长松股份的品牌在咨询培训行业里面是比较知名的。我们公司讲家庭教育的张健老师，他与公司合作打造了一个家庭教育事业部。如果张健老师没在长松的平台上做，而是自己做，就可能会有问题。因为要重新打造品牌，客户一开始很可能不知道、不了解他，这就需要增加大量销售人员去做很多销售动作，同时，他的产品客单价还得降下来。而他与公司合作，跟很多客户提到长松咨询，这个品牌很多人知道，那么他的营销推广就会轻松一些，价格也不用定得很低。

其次要建立营销团队。有了营销团队，即使产品价格上涨一些，也几乎不用担心产品卖不掉。比如长松股份有自己的营销团队，我的线下公开课程基本都要好几万元。按道理来说，一般情况下，定价好几万元的线下公开课，我自已是很难卖的。但就因为我们有营销团队，销售动作多了，这定价好几万元的线下课程也就容易卖了。

上述三个要素，企业必须至少有一个占优势。如果你的企业既没有品牌，也没有营销团队，那你多半只能选择低价销售，而这也不是你想搞就能搞的，而是要看你的实力，要进行核算。你如果不想搞低价，那就要在品牌策划和团队建设上下功夫。

你如果不想搞低价，那就要在品牌策划和团队建设上下功夫。

（3）考虑中心产品和边际产品的关系

企业在销售过程中要对产品进行梳理，把产品分为中心产品和边际产品，优先打造一个中心产品。就是优先选择一类产品，放到最中心的位置上，并集中精力去打造它。

要对产品进行梳理，把产品分为中心产品和边际产品，优先打造一个中心产品。

腾讯公司有很多产品，但QQ和微信始终是它的核心产品，这种产品叫作中心产品。微信作为中心产品被打造出来以后，微信平台被赋予了诸多功能，即在微信产品的周边布局了很多小产品，这些小产品就是边际产品。

一个中心产品可以辐射多个边际产品，这样也就增大了企业的复合利润。客户一般不会只使用中心产品，因为他在使用过程中一定会产生其他需求，企业可以根据客户的需求设置不同的边际产品，既有利于客户按需购买，也可增大企业的利润。

中心产品的巨大作用就是聚合流量。我们长松股份主要做组织系统的培训和咨询，同时整合了财务、家庭教育、营销、阿米巴、股权等相关培训产品。我把组织系统这个产品做好以后，我发现我的客户消费这个产品后还有其他需要。

> 一个中心产品可以辐射多个边际产品，这样也就增大了企业的复合利润。

> 中心产品的巨大作用就是聚合流量。

比如消费组织系统的企业老板有孩子，他就可能有家教方面的需求，我们设计家教类的培训产品，就把我的流量变现到边际产品上去了。这样对流量进行变现，比专门做家庭教育培训，重新开发流量省时省力，效率更高，效果更好。

比如张健老师和我们公司合作，他就不用愁流量的问题。我讲完公开课之后，给张健老师空出半天时间，让他讲家庭教育。所以张健老师就可以把精力集中于做好自己的产品，不需要再考虑流量的问题。

优秀的企业都懂得利用边际产品和中心产品的关系做生意。

优秀的企业都懂得利用边际产品和中心产品的关系做生意。

我有一个朋友开火锅店，一直亏钱。我到他店里吃了一次火锅，一番考察之后，我说："你这样干下去很难赚到钱，因为现在火锅生意竞争非常惨烈，你一没品牌，二没销售动作，我给你一个建议——来店里吃火锅，每人可以免费送一盘羊肉。"

表面看，吃火锅送羊肉，肯定是不赚钱的。但我们会发现，大家的点菜量几乎都比过去多了。因为大家去吃火锅一般情况下都会精打细算，尽可能少花钱，而送一盘羊肉这个动反而会促使他们多点其他的，他们不会只吃一盘羊肉就走。

实际上，就是不免费一盘羊肉，火锅店靠卖羊肉也挣不了多少钱，因为它相对其他产品成本是高的。真正挣钱的是边际产品：首先是啤酒，然后是花生、毛豆等下酒小菜，接下来是各类蔬菜及海鲜鱼丸等。这家火锅店采取了这个策略，营业额慢慢就上来了。

其实，我们用的就是中心产品和边际产品的定位方式。中心产品、最应该被消费的产品，我们用免费政策或者成本价政策，由此带动边际产品的销售，形成利润复合倍增。

企业定价是一门很深的艺术，有规律无定式，我们作为企业经营者，需要不断地去思考。

2. 小微企业如何做好产品规划

（1）用前端产品开拓市场是一种趋势

前面讲提成设计的时候提到过，企业的产品有前端产品、中端产品和后端产品，本小节再具体展开讲一下。

一般来讲，企业做产品，可以把产品做一个排序，分为生存产品、前前端产品、前端产品、前中端产品、中端产品、中后端产品、后端产品、VIP产品等，形成一个链条。就是把你的产品设计成一个链条，这个链条的获客遵循漏斗原则，越靠前的产品越面向大众，越靠后的产品面向的客户越少而精。

把你的产品设计成一个链条，这个链条的获客遵循漏斗原则，越靠前的产品越面向大众，越靠后的产品面向的客户越少而精。

大多数 20 世纪 60~70 年代出生的中国人都有一个桑塔纳情怀。因为在这一辈人的印象中，桑塔纳这款车很皮实。那这款车到底赚不赚钱呢？

桑塔纳的用料好，价钱又低，利润率是不高的。我和德国大众汽车公司总部的相关人员交流过，他说他们公司在桑塔纳之前还出过一款车，也非常值得买——捷达。他说："为了让第一代开车人对德国大众产生永远不忘的印象，让客户形成德国大众的车做工严谨、品质上乘的印象，我们力求把前端产品做到最好。"

一汽丰田有一款前端车叫卡罗拉，这款车也很好，受到不少用户的追捧。所以你要是第一次买车，一定要买前端车，因为前端产品是引流的，汽车公司会非常注重客户对前端产品的体验，前端产品的质量、性价比都差不了。

当然，也有只做高端产品、针对高端客户的企业。其实，现在豪华品牌平民化或低端化的倾向也非常明显。比如，特斯拉就宣布将上市入门级紧凑轿车 Model Q，海外售价约为 25000 美元，折合人民币约为 16 万元。可见，用前端产品占领市场是大势所趋。

对于小微企业而言，前端产品非常重要，企业在做产品设计的时候一定不能好高骛远，要踏踏实实做好前端产品。

（2）前端产品的主要作用是吸引流量

我最擅长的是组织系统。我最早讲组织系统课程的时候，一个班只有三四十个学员。当时我就和刘芸老师商量，怎么做才能增加受训人数。于是我们两个人策划研究，最后得出要设定前端产品的结论。我们设定了两个前端产品：一个叫企业操盘手工具包，一个叫组织系统工具包。这两个产品当时都定价 1 万多元，几乎不赚钱，做它们是为了给组织系统培训班引流。只做组织系统培训班是没有流量的。流量决定一切，没有流量，也就没有人认识你，你也很难做大。很多人说："贾老师，你为什么在抖音上做直播？"其实，我在抖音上做直播是没有任何经济收益的，我不直播带货，小橱窗我也准备关掉，因为它对我没有意义，我在那儿消耗的时间和我的收入是不成正比的，但我必须有这个动作，保持我的热度。

流量决定一切，没有流量，也就没有人认识你，你也很难做大。

我们组织系统培训班的定价是69800元/人，为了引流，我们推出定价19800元的工具包。价钱低一点，能吸引到更多的客户，尤其是对价格敏感的客户。不管是小微企业还是大企业，都要设定一个让客户不经过思索就能消费的产品。

我们的企业操盘手工具包和组织系统工具包这两款产品卖火以后，又出了新问题。有不少客户感觉1万多元也很贵，于是我就得继续往前开发产品，开始录视频光盘，出版图书。我出版的几本图书，版税不高，我拍摄课程视频也很辛苦，回报也很低，但是我还要做的目的就是不断通过各种销售动作增加我的曝光度。在强化品牌建设的过程中，我们需要反复做销售动作。

> 不管是小微企业还是大企业，都要设定一个让客户不经过思索就能消费的产品。

在早期的时候，我有一套光盘课程叫"营销基本功"，很多大学里讲营销课程的老师讲课时都会引用这套光盘中的一些素材。不少人通过这个渠道了解到我，当他们有创业需求时，就会考虑消费我的工具包，消费我做出来的产品。

我的"小微企业管理课"，主要针对的是小微企业老板，但我的目标并不止于此。听我这门课程的老板当中，有一部分是会成长的，他们的企业是会做大的，早晚有一天他们会参加我的企业操盘手和组织系统班的线下课程，或找我们公司做咨询。

我做的小微企业管理的课程和图书，属于我们企业的前前端产品范畴，即在前端产品的基础上再往前一步的产品。我们全面撒网，基本上只要你有创业想法的话都可以听。等你的事业将来做大了，你会遇到不同的问题，那你还会继续来找我做服务。也就是说，我们的网课、视频、图书，都是销售动作，虽然不能给公司带来很多利润，但可以吸引与产品相匹配的流量。如果有的老板没搞懂，单纯模仿我的前前端产品，也去做图书，他是赚不了钱的，因为他没有产品链，形成不了复合利润。

（3）要打造产品链

当然小微企业只做吸引流量的产品也是不行的。比如你在网上卖衣服，为了吸引流量，卖 9.9 元的爆款，接着卖 39 元的，下一步卖 139 元和 339 元的，最后卖 1339 元的，可是你用 9.9 元吸引的流量，有多少能支付 1339 元呢？也就是说，最后再也没有能吸引大量流量的产品了。这时候怎么办？有两条路。一是持续做前端产品，这样做虽然能保证流量，可也难以培养流量的忠诚度，一旦竞争对手的前端产品功能多一点，价格低一点，你的流量就很容易被吸走。二是遵循漏斗原理，往中端、后端沉淀，把一部分流量变为忠实的客户，挖掘他们的需求，解决他们的痛点，让他们依附你，离不开你。所以小微企业经营者们一定得知道，企业的产品规划是有阶梯性的。

企业的产品规划是有阶梯性的。

只有前端产品没有后端产品很难做大。像张健老师，他想让业绩翻几番，但他的后端产品太少了。什么时候他可以设计出一个 50 万 ~ 60 万元的辅导咨询案，并且培养 5 ~ 10 个家庭辅导师，那

他的产品链就完整了，后端的流量也有
了可依附的产品。

只有后端产品没有前端产品也不行。
不少咨询公司为什么很难做大呢？因为
很多咨询公司只有后端，没有足够的流
量。一个后端产品收费 188 万元甚至
三五百万元，却没有客户，怎么办？

> 长松股份做了各个阶段的
> 产品，后面开始到企业里一对
> 一地做辅导，相应地，一对一
> 的辅导咨询定价到了 100 万元、
> 188 万元等。当然这个阶段客户
> 的数量会越来越少。

总的来说，企业的产品定位基本上
有两种重要模型：第一种是产品形成前、
中、后端链条，第二种是做爆款产品。
农夫山泉、老干妈、红牛品牌都有爆款
产品，一个爆款产品就能赚很多钱，但

企业的产品定位基本
上有两种重要模型：
第一种是产品形成前、
中、后端链条，第二
种是做爆款产品。

是它的流量要足够大。如果你想打造一个流量足够大的爆款产品，价格又很贵，基本上是很难的，所以你要做产品链。小微企业的老板要注意研究这些细节，从而给企业做出清晰的战略规划，这决定了企业的命运。

■ ■ ■ ■ **营销团队的培训管理**

最近很多人问我："员工到底需不需要培训？培训到底有没有效果？"其实，这是一个很大的课题。我认为教育对人的影响是终生的，是命运式的。培训是在职教育，离开学校以后的教育都叫培训。它会对人产生一辈子的影响。从一个企业来讲，培训分为两段，一段是老板的学习，另一段就是团队的学习，这两段学习都非常重要。所以团队学习是一个非常重要的课题。

我这么多年做教育培训，看到不少

> ● ● ● ● ■ ● ● ● ● ● ● ● ● ● ●
> 教育对人的影响是终生的，是命运式的。
> ● ● ● ● ● ● ● ● ● ● ● ● ● ■ ● ● ● ●

老板都愿意为他自己的学习付出金钱和精力。这是好现象。老板学完以后，会有两个结果：一是他公司的经营状况大有改善；一是他没有学以致用，公司的状况没有改善。后一种情况往往导致老板对培训产生怀疑：我自己参加培训都没什么用，员工还需要培训吗？有没有必要做呀？

在我而言，答案是肯定的。

老板的学习和团队的学习侧重点是不一样的。老板的学习内容主要有两方面：一是把握宏观上的管理经营理念；二是了解世界发展的趋势，提升对时事的综合判断能力。老板创造财富，往往在于把握了时势，而不在于勤奋。有时候，选择大于努力，选择对了就可能"躺赢"，选择不对，现金投进去，搞得身心俱疲，最后以失败收场。对于老板而言，不是说努力不重要，而是说综合的判断力更重要。

要增强综合判断的能力，就要不断

老板创造财富，往往在于把握了时势，而不在于勤奋。

学习、广泛学习。我经常读心理学、哲学、数学等相关书籍，甚至有些时候还会了解医学等自然学科的知识。当你基础知识学多了以后，社会上那些话的真真假假，你心里就会特别清楚，你就不会受到别人的影响，不会在做决策时头脑发热。

团队的学习则侧重于提高技能。加入长松股份的大部分员工都要重新学，比如辅导师要重新学，职能要重新挖掘，你在其他公司学的那些东西几乎用不上。这不代表你没有能力，而是你原来的知识体系和我们要求的知识体系不匹配。

学习包含两个重要方面：第一个叫岗前学习，第二个叫日常学习。岗前学习就是新员工培训，日常学习就是各种方法论的培训。我们的周期性学习，比如学习型春节、总经理会议等都是日常学习。

下面我们重点讲一下岗前培训，以及在日常学习中的企业文化培训及复盘。

1. 营销团队人员的岗前培训

（1）员工手册

不管是对企业所有部门而言还是专门对营销团队而言，做岗前培训，都要先编写员工手册教材。

长松股份的学习资料当中，我认为最棒的就是成都分公司一直在整理完善的《长松宝典》。我不知道这份资料是由谁发起整理的，它到现在已经整理到5.0版本了，对我们公司进行了非常详细的介绍。新入职的员工只要进行一次深度的学习，基本上就对公司的整体情况熟悉了。这份《长松宝典》包括公司的缘起和发展、高管加盟的故事、各位专家的简介、老师们的个人发展经历、产品特点和定价、销售流程、运营流程、企业文化等。

小微企业在日常建设中至少要打造一本非常优秀的员工手册，让员工知道公司的来龙去脉，知道自己的工作方法是什么。

> 小微企业在日常建设中至少要打造一本非常优秀的员工手册，让员工知道公司的来龙去脉，知道自己的工作方法是什么。

（2）业务流程培训

对于新员工，特别是营销型的新员工，培训的核心工作就是业务流程培训，培训的方法一般是"老带新"，也就是管理者和冠军级销售、资深员工对新员工做培训。

小微企业的岗前培训是非常重要的。员工手册塑造员工的职业价值观，流程培训增强员工的职能匹配度，缺一不可。但不少企业都忽视岗前培训，尤其不重视对员工职业价值观的引导，令员工的所作所为总是与企业要求背道而驰。

我一直讲一个观点，一个人的价值观如果固化了，企业就不好影响他了，有时候后果是非常可怕的。

员工手册塑造员工的职业价值观，流程培训增强员工的职能匹配度，缺一不可。

有一家企业招聘采购总监，老板觉得某个应聘者非常不错，但当时我就对老板说这个人不能用。老板问："这个人的能力、才干、学历、才华，各个方面都非常棒，怎么就不能用啊？"老板没有听我的，录用了这个人。当时我说话也不客气，我说这个人早晚会出事。

这个人为什么不能用呢？因为有一部分人，他们的价值观很难改变。比如有的人只认钱，你对他做培训、讲道理都没有用。你给他讲管理系统是对牛弹琴，他听都不听，更别说去使用了。

后来这家公司发现这个人有巨大的经济问题，采购漏洞高达几百万元，仔细一查，发现这个人平时喜欢吃回扣。

为什么我认为这个人不能用呢？因为基本上我看一个人的行为表现就知道这个人到底能不能产生好的结果。那种时刻想证明自己很厉害、总是否定别人的人是不能用的。

比如搞采购的人说："企业说到底，就是要打通供应链，什么人力资源、销

那种时刻想证明自己很厉害、总是否定别人的人是不能用的。

售流程、财务管理都是瞎扯的。"他否定了一切，认为只有他擅长的那个领域能拯救企业，如此目空一切，是很难与别人协同合作的，即使他再有能力，也做不好工作。

所以我们做岗前培训，也是要看一下人能不能改变，不能改变的人，我们不能随便用。

我们长松股份的辅导师有上百人，除了面试环节的筛选，应聘者入职后还会经历很多次筛选，以后能否晋升、能否得到公司的重用，很大程度上取决于他们能否让自己满足公司对他们的要求。

企业对员工的培训，最终目的就是把穿着各种颜色衣服的人变成穿成清一色衣服的人。这不是洗脑，而是强调企业中的人应该与企业同频。人最难改变的是思维和价值观，如果企业不提供强有力的培训就指望员工产生好的业绩，是不太现实的。所以岗前培训非常重要。

企业对员工的培训，最终目的就是把穿着各种颜色衣服的人变成穿成清一色衣服的人。这不是洗脑，而是强调企业中的人应该与企业同频。

2. 营销团队的企业文化培训

一个公司的企业文化每年都应该做一次大的熏陶。对于营销团队而言，最重要的文化就是奋斗文化。我们长松股份的目标就是把企业的奋斗文化、奋斗精神给做起来。我们公司采用的形式叫"学习型春节"，主要学习三个方面的内容：

第一，做得棒的人有什么特征？

第二，做得棒的人工作流程是怎么做的？

第三，企业在新的一年工作规划是怎样的？

培训时间是 3~4 天，老总的发言时间并不多，我们的主要目标就是让大量的普通员工看到销售冠军是怎么奋斗的。

当你碰见一个优秀的同行，你心里面怎么想，就决定了你的行为，也会影响你最终获得的结果。

我参加工作 20 多年来，凡是碰到有所成就的人，我就会想这个人的事业是怎

对于营销团队而言，最重要的文化就是奋斗文化。

176

么做的，他是拥有了什么样的品质、获得了什么样的知识，才打拼到了今天这个位置。遇到做事总是失败的人，我也会想，我不能成为他这样的人，他的哪些错误是我坚决不能犯的。我们一生中要从身边成功的人身上发现优秀的基因，从失败的人身上总结经验的教训，得出哪些事情是可做的，哪些事情是不可做的。

学习型春节，我们可以搞成季度的，小微企业甚至都可以搞成学习周，它的主要任务就是将优秀样板的方法论、做事流程等进行还原，让所有人发现自己的不足，并努力精进。

> 我们一生中要从身边成功的人身上发现优秀的基因，从失败的人身上总结经验的教训，得出哪些事情是可做的，哪些事情是不可做的。

3. 营销团队的复盘式培训

每过一段时间，我们就要对这段时间自己所做的事进行复盘。

比如一个人肥胖，是一下子胖的吗？不可能。再比如某人说他腿疼，可能是坐姿不对引起的。如果是坐姿不对导致的，那去康复按摩就行了。但是我们要知道，伤害一次，可能要用十次来一点一点地修正。要记住：伤害的速度远远大于康复的速度。

伤害的速度远远大于康复的速度。

我的腰不舒服，不能轻易搬抬重物。

一个著名的康复大师跟我说："你千万不要搬重物。"

我说："我搬完休息一下就行了。"

他说："你搬一次重物造成的伤害，很长时间也修复不过来。"

他的意思是我高估了修复的时间，低估了伤害的程度。他说："伤害与康复，是1：10的关系。"就是一次伤害，至少要十次调理才能恢复。

这一句话让我彻底明白，我们绝对不能轻易伤害自己，绝对不能任意妄为地对待自己的身体。所以一旦发现自己突然变胖就要复盘，这段时间自己做了什么，是喜欢暴食了还是缺乏锻炼了，发现问题后及时纠正，才能让身体保持健康状态，如果始终不复盘，就会有问题。

企业的经营也是这样，要不断复盘，不断进化，"敢于杀死自己"。有好多企业，他们觉得现在某个产品卖得很火，便不思进取，只卖这个产品，反正总会有人买，这就叫作"不能杀死自己"。与之相反，苹果公司每一年都会推出新的手机产品，不管前一个版本有多畅销，这就叫"杀死自己"。

"杀死自己"，就是要不断升级自己的产品，哪怕顾客觉得我们的产品很棒了，我们还是要升级它，学会淘汰它。也就是说，我们不能活在昨天的成绩单里，不能陶醉于过去的业绩，更不能把

"杀死自己"，就是要不断升级自己的产品，哪怕顾客觉得我们的产品很棒了，我们还是要升级它，学会淘汰它。

自己灌醉。

一个优秀的企业老板，一定是一个极其苛刻的完美主义者。企业应该15天左右复盘一次，我们长松股份就是中高层人员每15天开一次会，这已经形成了节奏。对小微企业来讲，就是管理干部15天要复盘一次，开会就是要面对问题。

所有复盘会议，都有一个重要的参与者，就是财务人员。有了财务，就有了数据；有了数据，才能找到各种问题的解决方案。管理者通过数据了解当期的核心问题，要解决的是哪几点。

每次会议，按道理来说，应该是财务人员最先发言，把数据都摆出来，然后高管从中提出问题，大家再找出三个样板，即三个榜样，让他们针对具体问题讲出他们的解决方法。

我想告诉大家的是，一次学习，看一本书，参加一次培训，学习的变化自己是看不见的。人的变化是阶梯式的。人每往前走一步，他的圈子就会进行一

有了财务，就有了数据；有了数据，才能找到各种问题的解决方案。

次优化。

比如图 3-1 中，A 和 B 是可以成为朋友的，那 A 能不能认识 C？不一定。A 能否与 C 相识，取决于 A 能否上升到 B 的位置。A 可能听说过 D，看到过 E 的新闻，这就是 A 和 D、E 的关系。其实，D、E 曾经也处于 A 的位置。一般情况下，你只能和比你高一层的人相识、结交，而不太可能与比你高四五级的人成为朋友。所以，你要努力提升自己，让自己上一层，再上一层，不断与榜样比肩，这样你的位置就能越走越高，你的圈子就会越来越广。

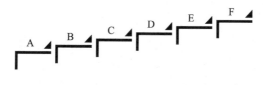

图 3-1　关系链条

很多人不愿意学习，认为学习既浪费金钱，又浪费时间，最终也没得到好的效果。其实，如果观念不改变，学再多也没用，人的能力水平也永远上不去。永远不改变，结果就是那样；努力改变，结果一般会比不改变好得多。

小微企业通过复盘，以 15 天为单位不断优化自己，才可以让自己不断上升。建议小微企业一定要坚持做 15 天复盘培训。

第四章

小微企业的效率管理

■ ■ ■ ■ ■ 小微企业更需要强调效率管理

企业要提升业绩，有以下几种重要的方式：

第一种方式：创新。

假如我们的产品和别人的产品都一样，那就研发一款更优秀的产品，让客户都跑到我们这边来，这种方式就是创新。

第二种方式：提高效率。

一个人或一个组织业绩低的主要原因就是效率比较低。同样岗位，同样工种，别人一天能挣一万元钱，你一天只

> 一个人或一个组织业绩低的主要原因就是效率比较低。

能挣十元钱，这就是效率比别人低。

我们的人生需要强调效率。虽然人的生命是有限的，但是如果你能把握好人生中几个重要的阶段，把这几个重要阶段的事做好，你的一生就会走得更顺。这个逻辑就叫作效率管理。

小微企业也需要强调效率。小微企业的规模本身就小，再没有效率，那问题不就更大了吗？

如果企业能把每一个员工的工作状态和工作指标做最佳的结合，那么这家企业成功的可能性就很大。优秀的企业，无一不是极大地调动了员工的积极性，想办法让所有人的知识、才华变现的。只有这样，才可以提高企业的运营效率。

稻盛和夫在创立京瓷之初，发现导致公司效率低的一个重要原因就是，员工没有把工作当成一件美好的事情。员工都很讨厌工作，认为工作是一种负担，因此在工作时交头接耳、说三道四，关注与工作无关的事情。当员工不热爱工作的时候，他们也就很难创造出极高的效率。所以他认为要想提高效率，必须想办法让员工认为工作是一件美好的事情，工作是一种享受。

导致效率低的第二个原因是工作没有办法量化，

即具体工作的考核量化度不准确、不科学，分不清楚员工各自做了多少，没办法考核。比如学习这件事情，可以通过分数得以量化，从而看到自己的进步。工作也是这样的，如果一家企业没有考核，没有评估，没有量化，并且员工都排斥考核，排斥量化，那么他们就不知道自己是优秀还是平庸，到最后都是破罐子破摔。

稻盛和夫决定改变公司的面貌。他先从员工入手，跟员工讲工作的状态，带头搞产品研发。他采用了很多方法帮助员工进入工作状态。他要求每个人把自己一天中有意义的事情写出来，把过去十年做的重大工作罗列出来。然后，制定新一年的工作目标，并且要求比上一年多做一点工作。谁的工作做得棒，大家就会鼓励他。稻盛和夫在公司内部创造出这样的氛围，让大家认为工作是美好的。

然后，稻盛和夫又制定了量化的考核指标，让员工能明确地看到自己的进步。

稻盛和夫发明了一种非常重要的管理方式——阿米巴经营。就是在公司内部分出许多小组织，对每一个小组织进行工作的量化，给每一个小组织提出新的目标，提高员工的积极性。

后来，稻盛和夫把这个方法引入日航，使日航在短短一年间扭亏为盈了。

有的人工作浑浑噩噩，没有成就感，没有目标感，就是因为他的组织在管理意识上没有提高，组织的管理者没有把让员工认知到工作的快乐感当成一个重要的目标。这样的企业，业绩表现自然不会好。

效率管理主要包括两个方面，一是流程管理，一是考核管理。

效率管理是企业管理中非常重要的内容。效率管理主要包括两个方面，一是流程管理，一是考核管理。接下来我们会分别详细阐述。

▪▪▪▪▪ 效率提升需要优化流程

1. 做好输入与输出管理

企业只要运营，就会有成本。如果单位时间内创造的业绩低，再减去成本，企业将很难有利润。如果每位员工都斗志昂扬，都能创造高业绩，那企业就会有利润。

不管是个人还是企业，都要把这个重要的理念装进脑袋。要想提高企业的效率，除了制定清晰的目标、合理的机制以外，还有一项非常重要的工作，就是重新梳理企业的流程。我们接触过无数家企业，多数做得不好的企业都有一个共同特征，就是流程混乱，工作人员的职责不清晰。很多员工在自己的工作都做得非常不专业的时候，还去指责别人的工作做得不好，经常抱怨别人。

其实，这就是不重视企业流程优化的结果。很多企业管理者没有流程意识。在日常生活中，每项工作具体怎么做也许并不需要流程。但是当形成一个组织，很多人在一起工作的时候，就必须有流程。

在企业流程管理中有一个非常重要的理念——输入和输出。要想让企业的效率提高，就要让企业的所有员工都非常清晰地了解，谁向自己输入东西，自己又向谁输出东西。比如讲师讲课，只管按照自己的方式来讲，学员想听就听，不听拉倒。这种情况就是没有输入，只有输出，效率比较低。讲师如果事先做了调研，了解学员的水平和需求，有针对性地准备课程内容，讲的都是学员的痛点，能帮助学员解决实际问题，那绝大多数学员都会认真听课，且学有所获。这种情况下，输出和输入比较吻合，效

要想让企业的效率提高，就要让企业的所有员工都非常清晰地了解，谁向自己输入东西，自己又向谁输出东西。

率就提高了。

在企业中，每个人既有输入又有输出。如果一个厨师既要采购食材，又得做饭，那这家餐厅的规模肯定非常小。优秀的厨师不会自己去买菜，而是把自己用菜的标准清晰地告诉别人，让别人去采购、备菜，他只需要动动勺子，把菜炒出来就可以了。然后把菜品输出给传菜工，让传菜工去完成下一个流程。厨师不会自己去买菜，传菜工不能帮助厨师去炒菜，每个人都有自己的分工。如果企业在大的流程里，每一个环节都做得非常好，那么这家企业也将是优秀的。

所以，企业应严格采用岗位中的输入和输出管理。没有输入与输出意识的企业，效率一定是低下的。

2. 流程优化的五个方面

我们曾给一家国际贸易公司做过咨询，当时该公司有60人，年销售额有1亿元，他们想把销售额提高到10亿元，这不是一件简单的事情。经过调研，我们认为这家公司需要在流程方面进行优化，提高各个岗位的工作质量。

经过沟通，这家公司最后优化了五个重要的流程，以下重点介绍前三个。

（1）第一个流程：选品流程

选品就是选择产品。这要有一整套的市场调研机制，要挖掘客户的潜在需求，然后根据市场需求决定卖什么产品。我们把这项重要的工作称为选品。

这家公司之前没有选品流程，都是由采购经理直接选品。采购经理是不做销售的，所以采购经理选品的时候，没办法按照市场的需求进行，一般感觉市场上什么东西好销售就选什么。在这种情况下，选品的失败率非常高。

上述国际贸易公司，一个产品的销售，从选品、采购、入库到有订单，再到送到客户手中，前后需要半年的时间。如果半年以后发现所选的商品没有销量，不但企业的成本被大量地浪费，形成很多库存，这半年的时间也白白浪费了。

也就是说，选品这个环节最大的浪费不是成本，而是时间。如果竞争对手选品选对了，很快就会超过你。在培训界，我遇到过很多优秀的老师，他们一生都没有大的成就，主要原因也是选课选错了。他们可能讲的是市场需求量并不大的课题，我们把这叫作人员的浪费。一个员工把大量的时间消耗在没有结果的事情上，就是在浪费精力，企业花在该员工身上的成本，也会形成巨大的浪费。

这家公司的选品失败率几乎是90%，老板盘点了现有的选品，共1500多种。我告诉他，保留200~300种就足够了。选品失败率高达90%，就证明80%的品类都应该被淘汰。在流程中，如果选品正确率没有提高，效率就会降低。因为错误的选品会占用时间、人力、资金等成本。如果拼命地干活儿却错误百出，浪费的还是各种资源和成本。所以企业要让工作可量化。知道什么是正确的，谁在做正确的事，这样，企业的效率就会提升了。

（2）第二个流程：采购流程

选品流程优化以后，接下来就是采购环节的优化。这家公司以前认为自己的采购做得很好，并引以为傲。但是经过了解，我发现他们的采购流程也有问题。采购总监基本上是一头扎到市场里，几天都不露一次面，这样做肯定是有问题的。其实，这就是该公司的第二大问题：一个人放在了错误的位置，干了错误的工作，也会影响效率。

比如采购这个岗位，总共有三件重要的工作要做。

第一，开发供应商。

开发供应商这项工作非常重要。但是这家公司把开发供应商这项重要的工作交给了几个"小兵"。大家都知道，开发供应商需要对位。谁来开发？需要什么能力的人来开发？解决这些问题，要对人员有清晰的标准要求。但这家企业没有，只是随便找了几个员工去开发供应商，那开发出的肯定都是小供应商。

这家公司的老板问我，要想业绩增长 10 倍的核心工作是什么，我告诉他必须砍掉那些小供应商。就像一家餐厅要想做成大餐厅，就不能到小菜市场去买肉。因为在小菜市场买的肉没有办法保证质量。公司要想发展壮大，就得去寻求更大的供应商。

第二，采购管理。

采购要有效率。有的公司发出采购订单以后，就等供货方送货上门，从来不催单；有些公司甚至从来不做订单管理，对供应商的生产能力一点也不了解，这样的公司肯定效率很低。有的公司是有了需要才去采购。比如公司需要一批衣架的时候才去采购衣架，衣架厂说交货需要 40 天，于是只好等着，这又造成了时间和人员成本的严重浪费。

采购订单的安排，本身就是一项管理工作。很多企业领导人在流程优化的过程中没有这个意识，所以企业效率很低。

第三，物控。

物控也叫物品品质管理。比如衣架采购完了，供应商也如期交货了，结果检查发现衣架全是次品。有的人说遇到次品很容易处理，直接罚款、退货就行了。供货厂家也同意，于是就把货退了回去。但是光退货就行了吗？公司的销售已经开始工作了，所有的人员、环节都已经开始运转，这时候退货根本解决不了现实问题。

有的供应商企业本身管理水平不高，你不管理他，他就会放松自己；你不盯住他，他就给你供应次品。一旦出现次品，给你造成的损失是非常大的。国内贸易还好说，大不了再找几家供应商，基本上十天八天货又来了。但是国际贸易，整个运输期至少就要两个月，如果出问题，两个月就浪费了。在这两个月里，这个品类没有业绩的话，造成的损失会更大。

所以，不管是选品，还是采购、物控环节，如果不进行流程优化，企业的整体效率就会低下。如果能把这些流程都做好，业绩增长 10 倍是完全可以做到的。

（3）第三个流程：营销流程

在营销方面，也有三个重要的环节。

第一，开店。

开店分为两种：一种是开实体店，一种是开网店。有的门店业绩在提升，流量在提高；有的门店没有业绩，甚至占用了大量成本。所以开店的关键要看流量。比如我想开家药店，别人的药店都开在小区门口或闹市区，结果我的药店开在了一个荒无人烟的地方，没有人流量，药店怎么赚钱？

第二，物料准备。

比如"营家"App，首先要有视频、图片、文字等内容。在互联网上卖一个产品的时候，还得写广告词，拍照片、视频，提供产品信息等。

第三，订单管理。

客户购买后要做好订单管理，比如做好发货、物流等环节。

企业的效率要想得到提高，首先内部的管理要提升。高质量的输入和输出在效率提升中是非常重要的。以前采购总是指责销售，其实，采购不应该指责销售，而是应该输出好的采购产品。对采购进行输入的应该是选品，对选品进行输入的是市场分析。很多企业，员工的状态都是相互之间完全没有输出和输入，部门之间的协调是混乱的，时间都消耗在相互抱怨上。

选品、采购、营销，加上人事、财务，构成了企业经营的五个重要流程。这五个流程确定以后，就可以做效率管理，让流程精细化，再之后就可以设计考核了。

总结一下，流程优化的重要目的，就是要把无效的成本去掉，提高沟通的效率。要把沟通过程中消耗心力的动作都去掉，从而上下一心、上下同欲，这样才能达到效率提升的目的。企业效率提升的流程优化思路要从选品、采购、营销、人事和财务入手。主要有两项工作要做：第一，确定流程的起始点；第二，找到关键考核人。

千万不要期待企业的每一个岗位、每一个环节、每一个点都做得非常棒，这种完美主义是不可取的。当然，理想状态是希望每个点都做得足够好，如果做得不好，或者在人力资源的条件无法达到这种状态的情况下，就需要引入关键考核人的概念，先把最主要、最核心的环节做好。这就是 KPI 的原理。

如果一家企业把 20% 最关键的工作做好了，那么这家企业 80% 的业绩就可以实现。遵循这个原理，我们把考核的

流程优化的重要目的，就是要把无效的成本去掉，提高沟通的效率。

关键要素找出来，再找到关键考核人，将他们与其他人的工作做联合计划，从而使企业的整体业绩得以提升。然后，再对这些关键考核人制作考核表，将他们的业绩提升上来。这几项核心工作，共同构成了效率管理。

■ ■ ■ ■ **通过考核来提升效率**

1. 梳理企业流程

想优化企业效率，我们必须把企业的工作流程画出来。就像个人一样，要把自己的工作流程画出来，比如早上做什么，中午做什么，晚上做什么，这一个月做什么，这一年做什么，然后把其中的关键动作标出来，照着做。

我们的流程是一段一段的，完成每一段都需要一些动作，所以我们的流程 1 就会配合动作 1，流程 2 配合动作 2。企业的动作效率如何，其实就是看流程与动作是否匹配，这些动作做得怎样。

长松股份做的第一件事是研发产品，第二件事是策划产品营销，第三件事是搜集客户信息，第四件事是上门服务，第五件事是OPP营销，第六件事是成交，第七件事是交付，第八件事是转介绍，这就是我们的工作流程。

每个流程又有很多关键动作，比如研发产品有什么动作，孵化产品有什么动作。我们把流程梳理出来，标注每一段流程需要的动作以及要实现的结果，然后按此操作，企业的效率就会大幅度提升。

前文所述企业的选品、采购、营销三大流程，每个流程又可分为几个环节，每个环节还可以进一步细分为几项具体岗位工作，其间应该有相互输入和输出的关系。如图4–1所示，企业的选品流程中有几个重要环节，第一个是市场调研，第二个是制定品类标准，第三个是选取新产品。采购流程可分为三个主要环节：开发供应商、采购管理和物控。

我们把流程梳理出来，标注每一段流程需要的动作以及要实现的结果，然后按此操作，企业的效率就会大幅度提升。

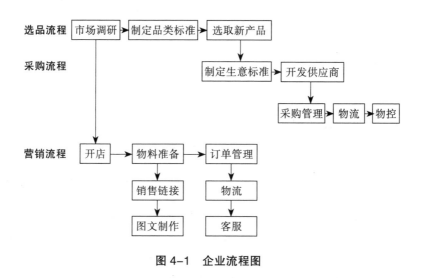

图 4-1　企业流程图

在选品和采购流程中，市场调研输出了新品标准，新品标准向供应商输出了生产标准，生产标准输出了开发供应商的标准，开发供应商的标准输出了采购管理的标准，采购管理标准输出了物流和物控两项标准。它们中间的任何一个环节，都包含输入和输出的过程。

采购流程结束以后，进入第三个重要的流程——营销流程，也就是开始进行销售了。首先要调查一下自己是否适合开店。如果适合，就到达开店环节。开店环节下一项重要的工作是物料准备，也就是构建销售链接，即从广告到订单的链接。在链接中，又有一项工作是图文制作。接下来进入订单管理环节，包括物流、客服等。

通过这样的梳理，这家企业的流程马上就清晰了。如果不做这个梳理，就很难发现流程中到底是哪里出了问题，效率就很难得到真正提升。

2. 找到关键考核人

我们要把效率理念植入企业经营和个人经营中。梳理了流程，我们再来看一个重要的目标，即企业的目标。

一个优秀的老板，会给自己的企业制定几个重要的核心目标。我给长松股份制定的目标有三个方面。

第一，利润目标。我相信大部分企业都会制定利润目标。

第二，业绩目标。

第三，人均效率目标。人均效率就是总业绩除以总人数，即平均每一个员工创造的业绩。

除这三个目标之外，企业还可以制定几个和总经理本人有关的指标，如安全经营、关键选品数量、业绩增幅等。

小微企业在发展初期，不适合定太多目标。目标越少，大家行为越聚焦，效率越高，效果越好。而且，目标少一些，不那么复杂，目的也是让大家永远记住目标，只有记得住的目标才是好目标。如果定很多目标，而大家根本就没有放在心上，那和没有目标没什么区别。

在这里，我们把企业的目标分为利润目标、业绩目标和人均效率目标。我们得把这些目标分解给各个环节的关键责任人，才能解决企业的问题。

关键责任人即关键考核人，在企业中非常重要。企业要对内部关键考核人做重要的指导和考核。只有这样，企业的整体效率才能够提升。

很多员工不愿意被考核，一说进行考核就认为是企业不信任他们，或者是企业想辞退他们，这完全是对考核的误解。其实考核是企业实现目标和提高效率非常重要的一步，是企业检查效率的重要工具。

要让员工为企业做出业绩，就要先统一员工的目标。员工有共同的目标，思想就不容易出差错。考核就是将那些思想意识无法与企业目标统一的人筛选出局。能力最强的人不一定能做出好的业绩，反而是思想统一、目标统一的群体更容易做出好的业绩。

企业内部第一个重要的关键考核人，

要让员工为企业做出业绩，就要先统一员工的目标。

肯定是 CEO。CEO 是企业的总操盘手，总操盘手的工作绩效是企业要重点考核的。总操盘手下面还会有很多其他操盘手。比如长松股份的 CEO 下边还有三个重要岗位，分别是产品总监、采购总监、运营总监。这四个人作为企业的关键考核人，要接受重点考核。

电商行业的企业，还要多考核一个重要岗位，这个岗位就是店长。门店利润的高低决定了企业利润的高低。虽然店长不属于高层，但是店长的贡献非常大。此外，还有两个重要的考核人：一个是人事负责人，一个是财务负责人。

企业进行考核的时候，绝对不能按照组织机构图，看谁的"官"比较大就去考核谁；而是看谁在公司创造利润和业绩的过程中最为重要，然后对其进行考核（见表 4-1）。

表 4-1　关键考核人

序号	关键考核人
1	CEO
2	产品总监
3	采购总监
4	运营总监
5	店长
6	人事负责人
7	财务负责人

3. 企业考核的三个重要领域

在企业中，要对三个方面做出考核。

（1）对企业目标要有考核

所有岗位，都要围绕企业目标进行设置。任何与企业发展不统一的目标都要清除。企业定的目标多出一个，企业的效率很可能就会低一分。企业制定了目标，接着就要制定关键考核人目标，即将企业的目标分解到各个重要岗位上。

我们把企业的目标分为 A 和 B 两部分。A 部分包括利润、业绩和人均效率。为什么要考核这三点？因为它们操作非常简单，容易让员工理解，好量化。

还可以增加几个考核点，比如新品增长率、市场排名，有的企业把市值也算上。这里就不再一一详细讲解了，我只是想告诉大家，这些指标都比较简单有效。企业效率是否提高，要看人均效率。人均效率就是用总业绩除以总人数。要提高人均效率，在业绩固定不变的情况下，可以减少人数；在业绩升高的时候，可以适当增加人数。

企业的目标 B 部分，多指关于 CEO 的个人指标。比如安全经营是 CEO 的指标之一。有的企业员工为了个人利益泄露企业机密信息，会损害企业的利益。所以安全经营指标很重要。人才编制达标也是 CEO 的个人指标，对 CEO 不能只要求业绩提升，也要求人才复制。

除此之外，还要求达到系统建设指标等。

（2）对关键考核人要有考核

很多企业在考核方面容易犯几个错误。

第一个错误是没有考核。

第二个错误是所有人都考核，考核的指标也很多，搞成了形式主义。

第三个错误是考核的指标不精准，这是最大的错误。比如，如果要考核我，就应该考核我有没有把课讲好，但是人力资源部考核我制作 App 的技术好不好，这就是考核指标不精准。

第四个错误是考核指标是虚的，就是指标的实际意义不大。

第五个错误是考核的环节不对。比如用产品总监的业务指标去考核采购总监。

第六个错误是考核表出现问题。

要避免这些错误，首先要分清关键考核人和普通考核人。

企业要想提升业绩，首先必须对几个重要的关键岗位提出清晰的考核目标。比如长松股份要做季度考核，所有的子公司总经理、总裁都要接受考核。我作为董事长，同样要接受考核。

正如前文所说，企业的关键考核人一般有七个，除去人事负责人、财务负责人，其余五人的组织关系如图 4-2 所示。CEO 下面分别是产品总监、采购总监、运营总监，运营总监下面有一个岗位叫店长。企业需要重点考核这七个人。

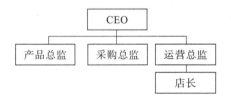

图 4-2　组织结构图

另外，要确定精准的考核指标。对同一个人的考核指标不宜过多。我的建议是 CEO 的考核有六个指标就可以了。长松股份的几个总裁在季度考核的时候，每人只考核三个指标，非常简单。

那么，关键考核人的考核指标如何提取呢？

企业要想提升业绩，首先必须对几个重要的关键岗位提出清晰的考核目标。

第一，CEO 重要考核指标的提取。

对 CEO 的考核有六个指标，分别是利润、总销售额、人均效率、安全经营、人才编制、系统建设。事实上，企业对外公布的时候，只公布总销售额、安全经营、人才编制这三个指标的考核结果就可以了。

第二，产品总监重要考核指标的提取。

产品总监的考核指标有三个。

第一个是市场调研，即按月度做出市场新品的分析。这个指标很重要，因为如果不做市场调研，企业就不知道要卖什么。

第二个是新品立项，要求立项产品对业绩增幅要有贡献。有的新品虽然立项了，但总业绩没有提升，这个立项就是失败的。

第三个是产品标准的制定。每次新品立项，都要为这个立项制定一个产品标准。

当然，这三个指标不好做。很多企业，很多时候并没有按照这三个指标去做。比如有些企业的业绩增幅达到 200% 的时候，他们就很满意，不太重视第二个指标了。

第三，采购总监重要考核指标的提取。

采购总监的考核指标有三个。

第一个是开发供应商，就是建立供应商资料库。很多企业买东西太随意，没有供应商的资料库，对供应商没有做背景调研，这就很容易出现大问题。

第二个是采购。建好供应商资料库以后，采购就变得比较轻松了，重要指标是产品的定价。

第三个是物控，主要是降低次品率，严格把控次品率。

第四，运营总监重要考核指标的提取。

有些企业的运营总监，其职责本质上是偏营销的。运营总监的重要考核指标有三个。

第一个是单店业绩。

第二个是链接管理。在链接管理中，我们着重考核的是链接的质量。链接的质量包含图片的质量和文字描述的质量。

第三个是业绩管理，即开店的业绩增幅。

第五，店长重要考核指标的提取。

针对店长的考核指标有三个，即门店业绩、利润率、库存率。其中，考核库存率是防止为了提高利润而大规模采购的行为。

第六，人事负责人重要考核指标的提取。

要想业绩重构，必须树立一个非常重要的理念，那就是人力资源管理工作要从成本中心走向利润中心。现在很多人事负责人的工作重心不对。招聘、培训、劳务，这些都是人事的基本工作。要让人力资源部门变成利润中心，就要思考新年度的人力业绩增长率。优秀的人力资源从业者的重大价值体现在哪里？就是要思考用什么办法可以增长员工的业绩，如何提高员工的业绩增幅。不是把人招来就可以了，而是要招到更优质的员工。

第七，财务负责人重要考核指标的提取。

财务工作以前也是成本中心，负责人的主要工作是处理账务、税务，以及现金管理、成本核算等，现在要求走向资金投入效率管理。

总结一下，对于一家企业来说，人事负责人和财务负责人就是CEO的左膀右臂。

CEO的下面有产品总监、采购总监、运营总监，运营总监下面是门店店长。门店店长的核心指标就是业绩，运营总监的核心指标是流量加业绩，采购总监的核心指标是定价，产品总监的核心指标是业绩的增幅，CEO的核心指标是利润，人事负责人的核心指标是人力增长效率，财务负责人的核心指标是资金增长效率。

（3）对每一个环节中的重要指标要有考核

在选取指标时，我一般是倒着选的，就是从下游环节往上找该项工作应该完成哪些关键指标。

如果"营家"App业绩不好,绝对不是哪一个部门做得不好,而是整个流程出了问题。"营家"App有技术设计流程、市场调研的运营流程,以及内容流程。这三个流程,只要有一个环节做得不好,业绩就不会好。互相抱怨解决不了问题。如果把流程中每一个环节的指标都找出来,再对员工下达要求,工作就变得简单了。在做考核指标的过程中,我们也是倒着做的。如图4-3所示。

有一个专业词语是"流程里程碑"。那么多关键流程环节,每个环节都要有1~2个重要考核指标,即每一个环节都要有流程里程碑。结合图4-3,流程里程碑大概有退货处理、邮件管理、物流及时、图文质量、链接准确性、开店的业绩增幅、采购次品率和定价、供应商入库数量及质量、新品选择和开发供应商对业绩增幅的影响,以及市场调研报告的准确性。要重点考核这些指标。

比如,要想提高客服的效率,就得对客服提出要求。做互联网国际贸易的客服,有两个重要的指标:一个是退货处理,一个是邮件管理。因为做国际贸易,往往不是打个电话、发个微信就可以解决问题的,很多时候根本就不知道对方的电话,只能发邮件,邮件管理也就显得尤其重要了。

物流有一个非常重要的指标——及时性。图文制作涉及的

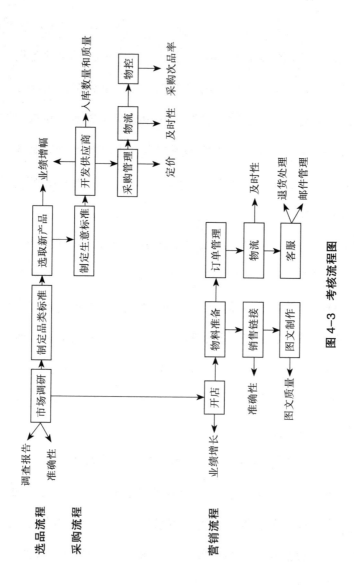

图 4-3 考核流程图

岗位有市场推广、文案、拍摄、后期制作等，但图文制作要求的指标其实只有一个，就是图文质量高。

销售链接要求的是链接的准确性。开店的重要指标是业绩增长。物控的重要指标是采购次品率。采购的重要指标是定价，就是采购的产品的价格是多少。开发供应商和新品的选取，有一个统一的指标，叫业绩增幅；开发供应商环节还有一个指标，即入库数量和质量。在市场调研阶段，需要提交调查报告，同时以准确性作为考核指标之一。

我为前文所说的国际贸易公司订立了三大重要的标准：第一，新品标准；第二，采购标准；第三，开店标准。

将这三大标准制定好以后，要接着进行流程梳理。公司目标的制定，岗位的指标设置，找到关键考核人，一个都不能少。这样做了之后，我发现有30%的员工没有用武之地了。第一，他们不在这个流程里面；第二，他们原来的部门在这个流程里没活儿可干；第三，给他们找活儿了，但他们本身的能力不够。所以这家公司原本60多个人，经过这些标准的筛选后只剩下42个人。针对留下来的人，要做到关键考核人找到关键指标、非关键考核人找到普通考核指标，然后做出考核表，想好下一步工作具体该如何做，并且通过考核来提高效率。

4. 通过考核聚焦精力

企业考核什么，员工就关注什么。企业考核指标比较保守，员工做事就跟着保守；企业考核指标精准，员工做事的效率就会提高；企业考核是走形式，员工就会造假；企业不考核，员工就会欺骗老板。所以，企业考核是员工行事的风向标，对考核进行科学合理的管理，是提升企业业绩的保障之一。

接下来，我们就要让各岗位的工作人员强化对这些指标的记忆。不要求他们做太多的事情，只需要把这些关键的事做好就可以了。人的时间和精力是有限的，我们要把有限的时间投到关键的

企业考核是员工行事的风向标，对考核进行科学合理的管理，是提升企业业绩的保障之一。

事上，把精力聚焦在一个点上。

为了提高效率，我们要将每一项工作流程、每一个工作环节清晰化，把多余岗位、多余的人，以及多余的动作全部清理掉，因为它们会占用成本，使企业效率低下。有的企业虽然有业绩，但是成本太高，没有利润。不管是一个人还是一个组织，要想提升效率，就要把不该有的成本全部去掉。

■ ■ ■ ■ 小微企业的效率优化举例

本节我们以跨境电商企业为例。不少跨境电商企业都感觉挣钱很难。哪怕有业绩，也不挣钱。我们对这些企业的大致流程认真做了分析，发现其流程大致是产品研发—寻找供应链—策划拍图—建链接—打单卖货—物流……中间是有很多环节的。想要从亏损变为赢利，最根本的就是抬高流量，或抬高价格，但是小微企业实力欠缺，一开始做这些可能比较困难，所以只能先考虑节流。节流的有效举措之一，就是进行效率优化。

1. 仓储的效率优化

做亚马逊跨境电商的商家要把我们的货发给亚马逊，再由亚马逊发给客户，这是亚马逊的流程。

亚马逊有一个规定：商家把货发到亚马逊的仓库里面，一个月内是免收租金的，一个月以后要收费，而且费用是我们在美国租一个仓库的 4 倍。不少小微企业做亚马逊跨境电商都很难挣钱，主要的原因就是仓储贵，支出太大。

比如商家总共有 100 个品种，而畅销的品种只有 5 个，其余 95 个品种的商品就会被积压在亚马逊的仓库里，商家为此要给亚马逊支付高额的租金，成本自然就变高了。成本一变高，资金效率就会下降，企业也就赚不了钱了。

针对这种情况，我建议企业自己在美国另租仓库。把销量前 5% 的商品直接发货到亚马逊仓库，再把剩余 95% 的商品根据各个品类的销售周期进行分类，比如有周转 1 个月的，有周转 2 个月的，有周转 3 个月的，甚至还有周转 1 年的，分别放到自己租的不同的仓库里。再根据算法，按照商品销售周期的时间节点，往亚马逊的仓库发货，就解决了仓储费用高的问题。这就是提高仓储效率的办法。

2. 物流的效率优化

跨境电商的物流一般分为大件、中件和小件，小件是全额邮资（就是没有优惠政策），中件是 9 折邮资，大件是 4.6 折邮资。比如我们卖掉 100 美元的商品，包含的物流费是 10 美元，物流公司返给我们 5.4 美元，相当于物流费享受 4.6 折的优惠。

物流公司有大货车、中货车、小货车，既能运大件，又能运中小件。这就有一个问题，如果你的产品都是又沉又小的小件，邮费没有折扣，怎么办？可以考虑小件大卖，即做中大件。比如你卖衣架，1 个是小件，100 个就是大件，你就 100 个起卖。

此外，对于有的大件商品，还可以按成本价卖。比如一张床成本 100 美元，你加上物流费，就卖 120 美元，这 20 美元的物流费用，物流公司会退回 10.8 美元，也就是你在卖商品不赚钱的情况下，单靠物流返点，发一次大件也能赚钱。

3. 供应链的效率优化

做跨境电商的供应链企业，也讲求效率。比如一家企业给跨境电商供货衣架，该电商所有的衣架都让这一家企业提供，由于需求量大，这家企业可以做到 24 小时连续生产。该电商将衣架以大单卖出去，成本低，整体销售价格不高，薄利多销，以至于订单不断。生产企业持续有订单，员工很熟练，生产效率高，供货快，又因为电商卖得好，回款快，所以生产企业的供货价格也不高，双方合作稳固。这依然是提高了效率。

通过以上三个案例，我想告诉大家的是，小微企业要把"效率管理"这个词语提到桌面上，第一件事就是画出流程图，第二件事是找到流程中的关键动作，第三件事是对每一个动作都找出可行性方法，然后不断优化方法，哪怕是一个很小的动作都要进行优化。

我们不能只看大的数据，还要看小数据。为什么我们长松股份做到一定规模还要对公众号、抖音视频号进行优化？因为不优化，整体效率就会下降。

找到可行性方案以后，就可以进行优化，比如改变算法，改变仓储的办法，改变合作模式，改变物流模式，改变产品的定价……我们是基于一种算法来达到投入与产出之间的关系结构的优化，从而实现赢利的。

抖音为什么这么火？就是因为它通过算法，对客户做了非常细化的分级，精准推送内容，效率非常高。

很多人都或多或少有选择困难症，

小微企业要把"效率管理"这个词语提到桌面上，第一件事就是画出流程图，第二件事是找到流程中的关键动作，第三件事是对每一个动作都找出可行性方法，然后不断优化方法，哪怕是一个很小的动作都要进行优化。

比如点外卖的时候不知道该吃什么。如果美团、饿了么等外卖平台可以开发一个功能，根据客户以往的点餐情况持续记录其饮食习惯，运用算法制订个性化的饮食计划，在客户点餐时精准推荐 A、B 两个方案，提高点餐效率，相信客户的体验感会很好。

同样，我们教育培训要提升效率，除了优化产品、优化流程，还可以优化客户。比如我们根据客户的情况，把客户分成以下三类。

第一类，培训客户。

第二类，托管客户。

第三类，咨询客户。

先分类，再给客户做具体的方案，针对性更强，更容易成交，这也是提高了效率。

附录

企业管理工具表单

营销团队晋升标准表

岗位	月度业绩指标	学习成长	培养干部	关键指标	降级指标
实习业务员	个人业绩2万元以上	新员工培训通关，业务流程合格	—	5个新客户，销售2个前端产品	2个月不能满足上述要求即淘汰
业务员	个人业绩7万元以上	参加预备主管培训并通关	增员1人	累计10个客户	连续2个月无业绩
高级业务员	个人业绩10万元以上	参加预备经理培训并通关	增员1人	累计30个客户，其中新客户10个以上	连续2个月业绩在2万元以下或无新客户
代经理	团队业绩40万元，其中个人业绩10万元以上	参加储备干部培训并通关，且具备培训业务流程的能力	招聘并组建团队，培养2名高级业务员	客户重复消费率超过20%	连续2个月团队业绩在10万元以下或个人业绩在7万元以下
经理	团队业绩100万元或连续2个月PK前2名	参加储备干部培训并通关，且具备培训业务流程的能力	培养2名代经理	客户重复消费率超过20%	连续2个月团队业绩低于30万元或PK倒数第一
高级经理	团队业绩100万元或当月PK冠军	参加储备干部培训并通关，且具备培训业务流程的能力	培养2名经理或代经理	管理满意度达到80%	管理满意度低于60%、团队PK为后2名或团队业绩低于30万元
总监	所属区域业绩500万元以上	参加储备总经理培训并通关，具备销售管理、组织管理、财务管理能力	培养3名以上经理，复制1支团队	管理满意度超过85%	①连续3个月团队业绩低于270万元②人才流失率超过50%③管理满意度低于50%④目标完成率低于50%符合一项降一级

（续上表）

岗位	月度业绩指标	学习成长	培养干部	关键指标	降级指标
副总经理	所辖区域保持盈利，业绩600万元以上	参加总经理培训并通关，有组织、营销、财务管理能力	培养4名经理或1名以上总监	①管理满意度超过85%②大客户单超过10%③客户重复消费率超过30%	连续3个月业绩低于270万元，降三级；连续3个月业绩低于350万元，降两级；连续3个月业绩低于400万元，降一级，可以主持工作
总经理	完成公司目标	参加集团核心干部训练并通关，认同公司文化与机制	培养3名以上总监或1名副总	管理满意度超过85%	参照公司相关文件执行

财务团队晋升标准

职位	业绩	技能	培养干部	关键指标	保级指标
出纳或会计	①完成工作要求，达到报税、现金管理，报表无差错 ②业绩考核在优秀以上	了解劳动法、公司法，掌握公司注册、报税、凭证、财务账务知识并应用	一	岗位的核心胜任力（工作分析表为准）	①目标完成度为80%以上 ②每月出差错2次以内，服务满意度在中度以上
会计主管	①管理员工满意度合格 ②固定资产管理合理，并能做到报税、报表分析、成本分析、财务综合管理	①一定的财务分析能力 ②精确了解国家相关企业法律，具有应用财务知识的能力 ③能拿出某一工作的方案并有效果	培养财务办事员2名	岗位的核心胜任力（工作分析表为准）	①目标完成度为80%以上 ②每月出差错2次以内，服务满意度在中度以上
财务代经理	①管理员工满意度优秀 ②财务管理优秀 ③预算工作优秀 ④具有财务分析工作经验，受到其他部门认同	①精确了解国家相关企业法律，具有应用财务知识的能力 ②能拿出某一工作的方案并有效果	培养主管2名	财务流程规范无漏洞	①目标完成度为80%以上 ②每月出差错1次，服务满意度在中度以上

（续上表）

职位	业绩	技能	培养干部	关键指标	保级指标
财务经理	参考制定公司财务考核制度与财务管理制度规则	①精确了解国家相关企业法律，具有应用财务知识的能力 ②具有报告与方案制订能力 ③具有制度的规划能力	培养主管 2 名	①财务流程规范无漏洞 ②团队满意度80%以上 ③电网次数为 0	①财务运作良好，无财务现金差错 ②预算成熟 ③公司对财务部工作满意
高级财务经理	参考制定公司制度、设计税务、财务管理、预算及财务分析规则	①具有财务培训讲师能力 ②精确了解国家相关企业法律，具有应用财务知识的能力 ③具有报告与方案制订能力 ④具有制度的规划能力	培养主管 2 名	①预算体系完善，成本控制达标 ②团队满意度80%以上 ③电网次数为 0	①财务运作良好，无财务现金差错 ②预算成熟 ③公司对财务部工作满意
财务总监	与政府关系良好，融资合格，能合理制定财务制度并实施	①具有财务理论系统及制度建设的能力 ②具有战略财务思维能力 ③具有独立管理集团公司财务的能力	培养经理 1 名	①管理满意度80%以上 ②财务系统建设完善并落地执行	①财务运作良好，无财务现金差错 ②预算成熟 ③公司对财务部工作满意

销售公司利润表

	A公司	B公司	C公司	D公司	E公司	合计
一、营业收入						
主营业务收入						
其他业务收入						
人员数量						
人均业绩						
二、营业成本						
1. 事业部产品结算成本						
2. 人工成本						
3. 提成成本						
4. 奖金与奖励成本						
5. 房租与办公费用						
6. 培训费用						
7. 促销费用						
8. 广告宣传费用						
9. 运营费用						
10. 不可控费用						
11. 税金						
人员数量						
人均成本						
三、利润总额						
人员数量						
人均利润						
增长量（上月增长量）						
增长量（同比增长量）						
四、时间与产值						
总时间						
正常时间						
加班时间						
部内公共时间						
间接时间						
单位时间产值